明朝的錦衣衛和東西廠

吳晗——著

目錄

第一章

廠衛之前，恐怖氣氛初露端倪

朱元璋一統天下

吳元年（元至正二十七年，一三六七年）十二月，朱元璋的北伐大軍已經平定山東。南征軍已降方國珍，移軍福建，水陸兩路都勢如破竹。一片捷報聲使應天的文武臣僚歡天喜地，估量軍力、人事和元政府的無能腐敗，加上元朝將軍瘋狂的內戰，蕩平全國已經是算得出日子的事情了。

苦戰了十幾年，為的是什麼？無非是為做大官，拜大爵位，封妻蔭子，有大莊園，好奴僕，數不盡的金銀錢鈔，用不完的錦綺綢羅，風風光光，體體面面，舒舒服服過日子。如今，這個日子來了。吳王要是升一級做皇帝，王府臣僚自然也進一等做帝國將相了。

朱元璋聽了朱升的話，「緩稱王」，好不容易熬了這麼多年才稱王，稱呼從主公改成殿下，如今眼見得一統在望，再也熬不住了，立刻要過皇帝癮。真是同心一意，在前方斫殺聲中，應天的君臣在商量化家為國的大典。

自然，主意雖然打定，自古以來做皇帝的一套形式，還是得照樣搬演一下。照規矩，是臣下勸進三次，主公推讓三次，文章都是刻板的濫調，於是，文班首長中書省左丞相宣國公李善長率文武百官奉表勸進：

「開基創業，既宏盛世之輿圖，應天順人，宜正大君之寶位……既膺在躬之歷數，必當臨御於宸居……伏冀俯從眾請，早定尊稱。」

不用三推三讓，只一勸朱元璋便答應了。

十天後，朱元璋搬進新蓋的宮殿，把要做皇帝的意思，祭告於上帝皇祇說：

「惟我中國人民之君，自宋運告終，帝命真人於沙漠，入中國為天下主，其君臣父子及孫百有餘年，今運亦終，其天下土地人民豪傑分爭。惟臣帝賜英賢，為臣之輔，遂戡定諸雄，息民於田野。今地周回二萬里廣，諸臣下皆曰生民無主，必欲推尊帝號，臣不敢辭，亦不敢不告上帝皇祇。是用明年正月四日於鍾山之陽，設壇備儀，昭告帝祇，惟簡在帝心。如臣可為生民主，告祭之日，帝祇來臨，天朗氣清。如臣不可，至日當烈風異景，使臣知之。」

即位禮儀也決定了，這一天先告祀天地，再即皇帝位於南郊，丞相率百官以下和都民者老拜賀舞蹈，連呼萬歲三聲。

禮成，具皇帝鹵簿威儀導從，到太廟追尊四代祖父母父母都為皇帝皇后，再祭告社稷。於是皇帝服袞冕，在奉天殿受百官賀。天地社稷祖先百官和都民者老都承認了，朱元璋成為合法的皇帝。

皇帝的正殿命名為「奉天殿」，皇帝詔書的開頭也規定為「奉天承運」。原來元時皇帝白話詔書的開頭是「長生天氣力裡，大福蔭護助裡」，文言的譯作「上天眷命」，朱元璋以為這口氣不夠謙卑奉順，改作奉作承，為「奉天承運」，表示他的一切行動都是奉天而行的，他的皇朝是承方興之運的，誰能反抗天命？誰又敢於違逆興運？

洪武元年（一三六八年）正月初四，朱元璋和他的文武臣僚照規定的禮儀節目，逐一搬演完了，定有天下之號曰「大明」，建元洪武，以應天為京師。去年年底，接連下雨落雪，陰沉沉的天氣，到大年初一雪停了，第二天天氣更好，到行禮這一天，竟是大太陽，極好的天氣，朱元璋才放了心。

回宮時忽然想起陳友諒采石磯的故事，做皇帝這樣一樁大事，連日子也不挑一個，鬧得拖泥帶水，衣冠汙損，不成體統，實在好笑，怪不得他沒有好下場。接著又想起這日子是劉基選的，真不錯，開頭就好，將來會更好，子子孫孫都會好，越想越喜歡，不由得在玉輅裡笑出聲來。

奉天殿受賀後，立妃馬氏為皇后，世子標為皇太子，以李善長、徐達為左右丞相，各文武功臣也都加官晉爵。皇族不管死的活的，全都封王。一霎時鬧鬧嚷嚷，欣欣喜喜，新朝廷上充滿了蓬勃的氣象，新京師裡添了幾百幾千家新貴族，歷史上也出現了一個新朝代。

皇族和其他許多家族組織成一個新統治集團，代表這集團執行統治的機構是朝廷，這朝廷是為朱家皇朝服務的，朱家皇朝的建立者朱元璋，給他的皇朝起的名號——大明。

設監察機關彈劾百官

由於歷史包袱的繼承，皇權的逐步提高，隋唐以來的官僚機構，以鞏固皇權為目的的三省制度——中書省出命令，門下省掌封駁，尚書省主施行——中書官和皇帝最親近，接觸機會最多，權也最重。宋代後期，門下省不能執行審核詔令的任務，尚書省官只能平決庶務，不能與聞國政，三省事實上只是一省當權。到元代索性取消門下省，把尚書省的官屬六部也歸併到中書，成為一省執政的局面。地方則分設行中書省，總攬軍民大政。其下有路、府、州、縣，管理軍民。

三省制的形成有它的歷史背景和原因，就這制度本身而論，把政權分作三份，一個專管決策，一個負責執行，而又另有一個糾核的機構，駁正違誤，防止皇權的濫用和官僚的缺失，對鞏固皇權，維持現狀的意義上說，是很有用的。可是，在事實上，官僚政治本身破壞了癱瘓了這個官僚機構，皇權和相權的衝突，更有目的地摧毀了這個官僚機構。

官僚政治特徵之一是做官不做事，重床疊屋，衙門愈多，事情愈辦不好，拿薪水的官僚愈多，負責做事的人愈少。例如從唐以來，往往因事設官：尚書省原有戶部，專管戶口財政，在國計困難時，政府要張羅財帛，供應軍需，大張旗鼓，特設鹽鐵使、戶部使、租庸使、國計使等官，由宰相或大臣兼任，意思是要提高搜括的效率，可是這樣一來，戶部位低權輕，職守都為諸使所奪，便變成閒曹了。

兵部專管軍政，從五代設了樞密使以後，兵部又無事可做了。禮部專掌禮儀，宋代卻又另有禮院。幾套性質相同的衙門，新創的搶了舊衙門的職司，本衙門的官照例做和本衙門不相干的事，或者索性不做事。千頭萬緒，名實不符，十個官僚有九個不知道自己的職司。冗官日多，要官更多，行政效率也就日益低落。到元代又添上蒙古的部族政治機構，衙門越發多，越發龐大，混亂複雜，臃腫不靈，癱瘓的病象在顯露了。

而且就官僚的服務名義說，也有官、職、差遣之分。官是表明等級、分別薪俸的標識，職以待文學侍從之臣，只有差遣是「治內外之事」的。皇家的賞功酬庸，又有階、勳、爵、食邑、功臣號等名目。以差遣而論，又有行、守、試、判、知、權知、權發遣的不同。其實除差遣以外，其他都是不大相干的。

皇權和相權的矛盾：例如宋太宗討厭中書的政權太重，分中書吏房置審官院，刑房置審刑院。為了分權而添置衙門，其實是奪相權歸之於皇帝。皇帝的詔令照規矩是必須經過中書門下，才算合法，所謂「不經鳳閣鸞臺，何謂之敕？」用意是防止皇權的濫用。但是，這規矩只是官僚集團的規矩，官僚的任免生殺之權在皇帝，升沉榮辱甚至誅廢的利害超過了制度的堅持，私人的利害超過了集團的利害。唐武后以來的墨敕斜封（手令），也就破壞了這個官僚制度，摧殺了相權，走上了獨裁的道路。

朱元璋繼承歷代皇權走向獨裁的趨勢，對官僚機構大加改革，使之更得心應手，為皇家服務。

元代的行中書省是從中書省分出去的，職權太重，到後期鞭長莫及，幾乎沒法子控制了。朱元璋要造成絕對的中央集權，洪武九年（一三七六年）改行中書省為承宣布政使司，設左右布政使各一人，掌一區的政令。

布政使是朝廷派駐地方的代表、使臣，稟承朝廷，宣揚政令。全國分浙江、江西、福建、北平、廣西、四川、山東、廣東、河南、陝西、湖廣、山西十二布政使司，洪武十五年（一三八二年）增置雲南布政使司。

布政使司的分區，大體上繼承元朝的行省，布政使的職權卻只掌民政財政，和元朝行中書省的無所不統，輕重大不相同了。而且就地位論，行省是以都省的機構分設於地方，布政使則是朝廷派駐的使臣，前者是中央分權於地方，後者是地方集權於中央，意義也完全不同。

此外，地方掌管司法行政的另有提刑按察使司，長官為按察使，主管一區刑名按察之事。布按二司和掌軍政的都指揮使司合稱三司，是朝廷派遣到地方的三個特派員衙門。民政、司法、軍政三種治權分別獨立，直接由朝廷指揮，為的是便於控制，便於統治。

布政司之下，真正的地方政府分兩級，第一級是府，長官為知府；有直隸州，即直隸於布政使司的州，長官是知州。第二級是縣，長官是知縣；有州，長官是知州。州縣是直接臨民的政治單位。

監察機關原來是御史臺，洪武十五年改為都察院，長官是左右都御史，下有監察御史一百十人，分掌十二道（按照布政使司政區分道，後增為十三道）。職權是糾劾百司，辨明冤枉，凡人臣奸邪，小人構黨作威福亂政，百官猥茸貪污舞弊，學術不正，和變亂祖宗制度的，都可隨時舉發彈劾。

這衙門的官被皇帝看作是耳目，替皇帝聽，替皇帝看，有對皇權不利的隨時報告。也被皇帝看作是鷹犬，替皇帝追蹤、搏擊一切不忠於皇帝的官民，是替皇帝監視官僚的衙門，是替皇帝檢舉反動思想、保持傳統綱紀的衙門。

監察御史在朝監視各個不同的官僚機構，派到地方的，有巡按、清軍、提督學校、巡監、茶馬、監軍等職務，就中巡按御史算是代皇帝巡狩，按臨所部，大事奏裁，小事立斷，是最威武的一個差使。

行政軍事監察三種治權分別獨立，由皇帝親身總其成。官吏內外互用，其地位以品級規定。從九品到正一品，九品十八級，官和品一致，升遷調用都有一定的法度。百官分治，個別對皇帝負責。系統分明，職權清楚，法令詳密，組織嚴緊。而在整套統治機構中，互相鉗制，以監察官來監視一切臣僚，以特務組織來鎮壓威制一切官民。都督府管軍不管民，六部管民不管軍。大將在平時不指揮軍隊，動員復員之權屬於兵部，供給糧秣的是戶部，供給武器的是工部，決定戰略的是皇帝。六部分別負責，決定政策的是皇帝。

在過去，政事由三省分別處理，取決於皇帝，皇帝是帝國的首領。在這新統治機構下，六部府院直接隸屬於皇帝，皇帝不但是帝國的首領，而且是這統治機構的負責人和執行人；歷史上的君權和相權到此合一了，皇帝兼理宰相的職務，皇權由之達於極峰。

軍隊上創立衛所制度

專制獨裁的君主，用以維持和鞏固皇權的兩套法寶，一是軍隊，二是官僚機構，用武力鎮壓，用公文統治，皇權假如是車子，軍隊和官僚便是兩個車輪，缺一不可。

先來說說其中的一個輪子——軍隊。

朱元璋在攻克集慶以後，厲行屯田政策，廣積糧食，供給軍需。和劉基研究古代的兵制：徵兵制的好處是全國皆兵，有事召集，事定歸農，兵員素質好，來路清楚，政府在平時無養兵之費。壞處是兵員都出自農村，如有長期戰爭，便影響到農村的生產。而且兵源有限制，不適合於大規模的作戰。

募兵制呢？好處是應募的多為無業遊民，當兵是職業，數量和服役的時間，可以不受農業生產的限制。壞處是政府經常要維持大量數目的常備軍，軍費負擔太重，而且募的兵來路不明，沒有宗族鄉黨的掛累，容易逃亡，也容易叛變。理想的辦法是折中於兩者之間，有兩者的好處，而避免各自的壞處，主要的原則，是要使戰鬥力量和生產力量一致。

劉基創立的辦法是衛所制度。

衛所的兵源有四種：一種是從征，即起事時所統的部隊，也就是郭子興的基本隊伍。一種是歸附，包括削平群雄所得的部隊和元朝的投降軍。一種是謫發，指因犯罪被謫發當軍的，也叫作恩軍。一種叫垛集，即徵兵，照人口比例，一家有五丁或三丁出一丁為軍。前兩種是定制時原有的武力，後兩者則是補充的武力。

這四種來源的軍人都是世襲的，為了保障固定員額的維持，規定軍人必須娶妻，世代繼承下去，如無子孫繼承，則由其原籍家屬壯丁頂補。種族綿延的原則，被應用到武裝部隊裡來，兵營成為武裝的家庭群了。

軍有特殊的社會身分，單獨有「軍籍」。在明代戶口中，軍籍和民籍、匠籍平行，軍籍屬於都督府，民籍屬於戶部，匠籍屬於工部。軍不受普通行政官吏的管轄，在身分上、法律上和經濟上的地位，都和民不同，軍和民是截然地分開的。民戶有一丁被垛為軍，政府優免原籍老家一丁差徭，作為優恤。

軍士到戍所時，由宗族治裝。在衛的軍士除本身為正軍外，其子弟稱為餘丁或軍餘，將校的子弟則稱為舍人。日常生活概由政府就屯糧支給，按月發米，稱為月糧，馬軍月支米二石，步軍總旗一石五斗，小旗一石二斗，步軍一石（守城的照數支給，屯田的支半。）恩軍家四口以上一石，三口以下六斗，無家口的四斗。衣服歲給冬衣棉布棉花，夏衣夏布，出征時則例給胖襖鞋褲。

軍隊組織分作衛所兩級：大體上以五千六百人為衛，衛有指揮使。衛分五千戶所，所一千二百二十人，有千戶。千戶所分十百戶所，所百十二人，有百戶。百戶下有總旗二，小旗十；總旗領小旗五，小旗領軍十人。大小聯比以成軍。衛所的分布，根據地理險要：小據點設所，關聯幾個據點的設衛。集合一個軍區的若干衛所，又設都指揮使司，作為軍區的最高軍事機構，長官是都指揮使。

洪武二十五年（一三九二年）全國共有十七個都指揮使司，內外衛三百二十九，守禦千戶所六十五。

首都和地方的兵力分配如下：

在京武官	二七四七員
軍士	二〇六二八〇人
馬	四七五一匹
在外武官	一二七四二員
軍士	九九二一五四人
馬	四〇三二九匹

這十七個都指揮使司又分別隸屬於五軍都督府。

軍食出於屯田。大略是學漢朝趙充國的辦法，在邊塞開屯，一部分軍士守禦，一部分軍士受田耕種。目的在省去運輸費用，和充裕軍食，減輕國庫的負擔，戰鬥力和生產力的一致。跟著內地衛所也先後開屯耕種，以每軍受田五十畝作一分，官給耕牛農具。開頭幾年是免納田租的，到成為熟地後，每畝收稅一斗。規定邊地守軍十分之三守城，七分屯種，內地是二分守城，八分屯種，希望能達到自足自給的地步。

軍隊裡也和官僚機構一樣，清廉的武官是極少見的，軍士經常被苛斂剝削。朱元璋曾經憤恨地指出：

那小軍每（們）一個月只關得一擔兒倉米。若是丈夫每（們）不在家裡，他婦人家自去關呵，除了幾升做腳錢，那害人的倉官又斛麵上打減了幾升。待到家裡（音伐）過來呵，止有七八斗兒米，他全家兒大大小小要飯吃，要衣裳穿，他那（哪）裡再得閒錢與人？

正軍本人的衣著雖由官家支給，家屬的卻得自己製備，一石米在人口多的家庭，連吃飯也還不夠，如何還能孝敬上官？如何還能添製衣服？軍士活不了，只好逃亡，只好兼營副業，做苦力做買賣全來，軍營就空了，軍隊的士氣戰鬥力也就差了。

除軍屯外，還有商屯。邊軍糧食發生困難時，政府用開中法來接濟。開中法是把運輸費用轉嫁給商人。政府有糧食有鹽，困難的是運輸費用過大，商人有資本也有人力，卻無法得到為政府所專利的鹽，開中法讓商人運一定數量的糧食到邊境，拿到收據，可以向政府領到等價的鹽，自由販賣，從而獲取重利。

商人會打算盤，索性雇人在邊上開屯，就地繳糧，省去幾倍的運費。在這一交換過程中，不但邊防充實了，政府省運費、省事，商人也發了財，皆大歡喜。而且，邊界荒地開墾了，不但增加了政府的財富，也造成了地方的繁榮。

軍權分作兩部分：統軍權歸五軍都督府，軍令權則屬於兵部。武人帶兵作戰，文人發令決策。在平時衛所軍務在屯地操練屯田，戰時動員令一下，各地衛軍集合成軍，臨時指派都督府官充任將軍總兵官，統帶出征。戰事結束，立刻復員，衛軍各回原衛，將軍交回將印，也回原任。將不專軍，軍無私將，上下階級分明，紀律劃一。唐宋以來的悍將跋扈、驕兵叛變的弊端，在這制度下完全根絕了。

安插眼線嚴密監視將士

朱元璋對軍官軍士是用十二分的注意來防閒的。除開在各個部隊裡派義子監軍，派特務人員偵伺以外，洪武五年還特地降軍律於各衛，禁止軍官軍人，不得於私下或明白接受公侯所與信寶金銀段匹衣服糧米錢物，及非出征時，不得於公侯之家門首侍立。其公侯非奉特旨，不得私自呼喚軍人役使，違者公侯三犯准免死一次，軍官軍人三犯發海南充軍。

後來更進一步，名義上以公侯伯功臣有大功，賜卒一百一十二人作衛隊，設百戶一人統率，頒有鐵冊，說明「俟其壽考，子孫得襲，則兵皆入衛」，稱為奴軍，亦稱鐵冊軍；事實上是防功臣有二心，特設鐵冊軍來監視的。功臣行動，隨時隨地都有報告，證人是現成的，跟著是一連串的告密案，和大規模的功臣屠殺。

在作戰時，雖然派有大將軍統帥大軍，指導戰爭進行的，還是朱元璋自己，用情報用軍事經驗來決定前方的攻戰，甚至指揮到極瑣細的軍務。即最親信的將領像徐達、李文忠，也是如此。

例如吳元年（一三六七年）四月十八日給徐達的手令，在處分軍事正文之後，又說：「我的見識只是如此，你每見得高處強處便當處，隨著你每意見行著，休執著我的言語，恐怕見不到處，教你每難行事。」

洪武三年四月：「說與大將軍知道……這是我家中坐著說的，未知軍中便也不便，恁只揀軍中便當處便行。」

給李文忠的手令：「說與保兒老兒……我雖這般說，計量中不如在軍中多知備細，隨機應變的勾當。你也廝活落些兒也，那裡直到我都料定！」

大體上指導的原則是不能更動的，統帥所有的只是極細微的修正權。

對待俘虜的方針是屠殺，如龍鳳十一年（一三六五年）十一月初五日的令旨：「吳王親筆，差內使朱明前往軍中，說與大將軍左相國徐達副將軍平章常遇春知會：十一月初四日捷音至京城，知軍中獲寇軍及首目人等六萬餘眾，然而俘獲甚眾，難為囚禁，今差人前去，教你每（們）軍中，將張（士誠）軍精銳勇猛的留一二萬，若係不堪任用之徒，就軍中暗地去除了當，不必解來。但是大頭目，一名名解來。」

十二年（一三六六年）三月且嚴厲責備徐達不多殺人：

「吳王令旨，說與總兵官徐達，攻破高郵之時，城中殺死小軍數多，頭目不曾殺一名。今軍到淮安，若係便降，係是泗州頭目青旛黃旗招誘之力，不是你的功勞。如是三月已裡，淮安未下，你不殺人的緣故，自說將來！依奉施行者。」

吳元年（一三六七年）十月二十四日因為俘虜越獄逃跑，又下令軍前：「今後就近獲到寇軍及首目人等，不須解來，就於軍中典刑。」

洪武三年（一三七〇年）四月：「說與大將軍知道，恁四個好生商議妥當，止是就陣來降的人，及王保保頭目，都休留他，一個也殺了。止留小軍兒，就將去打西蜀了後，就留些守西蜀便了。」則不但俘虜，連投降的頭目也一概殘殺了。

有一道令旨是關於整飭軍紀的，說明了這一舉措的軍事理由。時間是龍鳳十二年（一三六六年）三月：

「（張軍）男子之妻多在高郵被擄，總兵官為甚不肯給親完聚發來？這個比殺人那（哪）個重？當城破之日，將頭目軍人一概殺了，倒無可論。擄了妻子，發將精漢來，我這裡賠了衣糧，又費關防，養不住。殺了男兒，擄了妻小，敵人知道，豈不抗拒？星夜教馮副使（勝）去軍前，但有指揮千戶百戶及總兵官的伴當，擄了婦女的，割將首級來。總兵官的罪過，回來時與他說話。依奉施行者。」

男子指的是張士誠的部隊，被擄是指的被朱元璋自己的部隊所擄。把俘虜的妻女搶了，送俘虜來，養不住，白賠糧食，白費事看守。擄了婦女，殺了俘虜，敵人知道了，當然會頑強抵抗。為了這個道理，朱元璋只好派特使去整頓軍風紀了。

大規模丈量土地和普查人口

經過二十幾年的實際教育，在流浪生活中，在軍營裡，在作戰時，在後方，隨處學習，隨時訓練自己，更事事聽人勸告，徵求專家的意見，朱元璋在中國歷史上，不僅是一個偉大的軍事統帥，也是一個成功的政治家。

他的政治才能，表現在他所奠定的帝國規模上。

在紅軍初起時，標榜復宋，韓林兒詐稱是宋徽宗的子孫，暫時固然可以產生政治的刺激作用，可是這時距宋朝滅亡已經九十年了，宋朝的遺民故老死亡已盡，九十年後的人民對歷史上的皇帝，對一個被屈辱的家族，並不感覺到親切、懷念、依戀。況且，韓家父子是著名的白蓮教世家，突然變成趙家子孫，誰都知道是冒牌，即便真的宋氏子孫都不見得有人理會，何況是假貨？

到朱元璋北伐時，嚴正地提出民族獨立自主的新號召，漢人應該由漢人自己治理，應該用自己的方式生活，保存原有的文化系統，這一嶄新的主張，博得全民族的熱烈擁護，瓦解了元朝治下漢官、漢兵的敵對心理。在檄文中，更進一步提出，蒙古、色目人只要歸入這文化系統，就一體保護，就把他們當作皇朝的子民。

這一舉措，不但降低了敵人的抵抗掙扎行為，而且吸引過來一部分敵人，化敵為友。到開國以後，這革命主張仍然被尊重為國策，對於參加華族文化集團的外族毫不歧視，蒙古、色目的官吏和漢人同樣登用，在朝廷有做到尚書侍郎大官的，地方做知府、知縣，一樣臨民辦事。

在軍隊裡更多，甚至在親軍中也有蒙古軍隊和軍官。這些人都由政府編置勘合（合同文書），給賜姓名，和漢人毫無分別。婚姻則制定法令，准許和漢人通婚，務要兩廂情願，如漢人不願，許其同類自相嫁娶。這樣，蒙古、色目人陶育融洽，幾代以後，都同化為中華民族的成員了。內中有十幾家軍人世家，替明朝立下不可磨滅的功績。對於塞外的外族，則繼承元朝的撫育政策，告訴他們新朝仍和前朝一樣，盡保護提攜的責任，各安生理，不要害怕。

相反的，卻下詔書恢復人民的衣冠如唐朝的式樣，蒙古人留下的習俗，辮髮椎髻胡服——男褲褶窄袖及辮線腰褶，婦女衣窄袖短衣，下服裙裳——胡語、胡姓一切禁止。蒙古俗喪葬作樂娛屍，禮儀官品坐位都以右手為尊貴，也逐一改正。復漢官之威儀，參酌古代禮經和事實需要，規定了各階層的生活、服用、房舍、輿從種種規範和標準，使人民有所遵守。

紅軍之起，最主要的目的是要實現經濟的、政治的、民族的地位平等。在政治和民族方面說，大明帝國的建立已經完全達到目的，過去的被歧視情形不再存在了。可是，在經濟方面，雖然推翻了外族對漢族的剝削特權，但是就中華民族本身而言，地主對農民的剝削特權，並沒有因為政權的改變而有所改變。

元末的農民，大部分參加紅軍，破壞舊秩序，舊的統治機構。地主的利益恰好相反，他們要保全自己的生命財產，就不能不維持舊秩序，就不能不擁護舊政權。在戰爭爆發之後，地主們用全力來組織私軍，稱為「民軍」或「義軍」，建立堡砦，抵抗農民的襲擊。這一集團的組成分子，包括現任和退休的官吏、鄉紳、儒生和軍人，總之，都是豐衣足食的地主階層人物。

這些人受過教育，有智識，有組織能力，在地方有號召的威望。雖然各地方的地主各自作戰，沒有統一的指揮和作戰計畫，戰鬥力量也有大小強弱之不同，卻不可否認的是，這是一股比元朝軍隊更為壯大、更為頑強的力量。他們絕不能向紅軍妥協，也不和打家劫舍的草寇、割據一隅的群雄合作。可是，等到有一個新政權建立，而這一個新政權有足夠的力量，保護地主利益，維持地方秩序的時候，他們也就毫不猶豫地擁戴這一屬於他們自己的新政權了。

同時，新朝廷的一批新興貴族、官僚，也因勞績獲得大量土地，成為新的地主（洪武四年十月的公侯佃戶統計，六國公二十八侯，凡佃戶三萬八千一百九十四戶）。新政府對這兩種地主的利益，是不敢，也不能不特別尊重的。這樣，農民的生活問題，農民的困苦，就被擱在一邊，無人理睬了。

朱元璋和他的大部分臣僚都是農民出身，過去都曾親身受過地主的剝削和壓迫，但在革命的過程中，本身的武裝力量不夠強大，眼看著小明王是被察罕帖木兒、李思齊和孛羅帖木兒兩支地主軍打垮了的，為了要成事業，不能不低頭賠小心，爭取地主們的人力、財力的支持。又恨又怕，在朱元璋的心裡，造成了微妙的矛盾的敵對心理，產生了對舊地主的兩面政策。

正面是利用有學識、有社會聲望的地主，任命為各級官吏和民間徵收租糧的政府代理人，建立他的官僚機構。原來經過元末多年的內戰，學校停頓，人才缺乏，將軍們會打仗，可不會做辦文墨的事務官。有些讀書人，怕朱元璋的殘暴、侮辱，百般逃避，抵死不肯做官，雖是立了「士人不為君用」就要殺頭的條款，還是逼不出夠用的人才。無可奈何，只好揀一批合用的地主，叫作「稅戶人才」，用作地方縣令長、知州知府、布政使，以至朝廷的九卿。

另外，以為地主熟悉地方情形，收糧和運糧都比地方官經手方便省事，而且，可以省去一層中飽。規定每一個收糧萬石的地方，派納糧最多的大地主四人做糧長，管理本區的租糧收運。這樣，舊地主做官、做糧長，加上新貴族新官僚新地主，構成了新的統治集團。反面則用殘酷的手段，消除不肯合作的舊地主，一種慣用的方法是強迫遷徙，使地主離開他的土地，集中到濠州、京師（南京）、山東、山西等處，釜底抽薪，根本削除了他們在地方的勢力。

其次是用苛刑誅滅，假借種種政治案件，株連牽及，一網打盡，滅門抄家，洪武朝的幾樁大案如胡惟庸案、藍玉案、空印案，屠殺了幾萬家。甚至地方的一個皂隸的逃亡，就屠殺抄沒了幾百家。

洪武十九年，朱元璋公布這案子說：「民之頑者，莫甚於溧陽、廣德、建平、宜興、安吉、長興、歸安、德清、崇德、蔣士魯等三百七戶。且如潘富係溧陽縣皂隸，教唆官長貪贓枉法，自己挾勢持權，科民荊杖。朕遣人按治，潘富在逃，自溧陽節次遞送至崇德豪民趙真勝奴家。追者回奏，將豪民趙真勝奴並二百餘家盡行抄沒，持杖者盡皆誅戮。沿途節次遞送者一百七十戶，盡行梟令，抄沒其家。」

豪民盡皆誅戮，抄沒的田產當然歸官，再由皇帝賞賜給新貴族新官僚，用屠殺的手段加速改變土地的持有人。據可信的史料記載，三十多年中，浙東、浙西的故家巨室幾乎到了被肅清的地步。

為了增加政府的收入，財力和人力的充分運用，朱元璋用二十年的工夫，大規模舉行土地丈量和人口普查，六百年來若干朝代若干政治家所不能做到的事情，算是劃時代地完成了。

丈量土地的目的，是因為過去六百年沒有實地調查，土地簿籍和實際情形完全不符合，而且連不符合的簿籍大部分都已喪失，半數以上的土地不在簿籍上，為逃避政府租稅，半數的土地面積和負擔輕重不一樣，極不公平。地主的負擔轉嫁給貧農，土地越多的交租越少，土地越少的交租越多，由之，富的愈富，窮的更窮。

經過實際丈量以後，使所有過去逃稅的土地都登記完糧。全國土地，記載田畝面積方圓，編列字號，和田主姓名，製成文冊，名為「魚鱗圖冊」，政府據以定賦稅標準。

洪武二十六年（一三九三年）全國水田總數八百五十萬七千六百二十三頃，夏秋二稅收麥四百七十餘萬石，米二千四百七十餘萬石，和元代全國歲入糧數一千二百十一萬四千七百八石比較，增加了一倍半。

根據人口普查的結果，編定了賦役黃冊，把戶口編成里甲，以一百一十戶為一里，推丁糧多的地主十戶做里長，餘百戶為十甲，每甲十戶，設一甲首，每年以里長一人甲首一人，管一里一甲之事，先後次序還是根據丁糧多少，每甲輪值一年，十甲在十年內先後輪流為政府服義務勞役，一甲服役一年，有九年的休息。每隔十年，地方官以丁糧增減重新編定黃冊，使之合於實際。

洪武二十六年（一三九三年）統計，全國有戶一千六百五萬二千六百八十，口六千五十四萬五千八百十二，比之元朝極盛時期世祖時代的戶口，戶一千一百六十三萬三千二百八十一，口五千三百六十五萬四千三百三十七，戶增加了三百四十萬，口增加了七百萬。朝廷表面上派大批官吏，核實全國田土，定其賦稅，詳細記載原坂、墳衍、下隰、沃瘠、沙鹵的區別，凡置賣田土，必須到官府登記稅糧科則，免去貧民產去稅存的弊端。

十年一次的勞役，輪流休息，似乎是替一般窮人著想的。其實，窮人是得不到好處的，因為執行丈量的是地主，徵收租糧的還是地主，里長甲首依然是地主，地主是絕不會照顧小自耕農和佃農的利益的。其次，愈是大地主，愈有機會讓子弟受到教育，通過科舉成為官僚紳士，官僚紳士享有非法的逃避租稅，合法的免役之權。

前一例子，朱元璋說得很明白：「民間灑派、包荒、詭寄、移丘、換段，這等俱是奸頑豪富之家，將次沒福受用財富田產，以自己科差灑派細民。境內本無積年荒田，此等豪猾，買囑貪官污吏，及造冊書算人等，當科糧之際，作包荒名色，徵納小戶。書算手受財，將田灑派，移丘換段，作詭寄名色，以此靠損小民。」

後一例子，洪武十年（一三七七年）朱元璋告訴中書省官員：「食祿之家，與庶民貴賤有等，趨事執役以奉上者，庶民之事也。若賢人君子，既貴其身，而復役其家，則君人野人無所分別，非勸士待賢之道。自今百司見任官員之家，有田土者，輸租稅外，悉免其徭役，著為令。」

不但見任官，鄉紳也享受這特權，洪武十二年（一三七九年）又著令：「自今內外官致仕還鄉者，復其家終身無所與。」連在學的學生，生員之家，除本身外，戶內也優免二丁差役。這樣，見任官、鄉紳、生員都逃避租稅，豁免差役、完糧當差的義務，便完全落在自耕農和貧農的身上了，他們不但出自己的一份，連官僚紳士地主的一份也得一併承當下來。

統治集團所享受的特權，造成了更激烈的加速度的兼併，土地愈集中，人民的負擔愈重，生活愈困苦。這負擔據朱元璋說是「分」，即應盡的義務，洪武十五年（一三八二年）朱元璋令戶部出榜曉諭兩浙江西之民說：「為吾民者當知其分，田賦力役出以供上者，乃其分也。能安其分，則保父母妻子，家昌身裕，為忠孝仁義之民。」不然呢？「則不但國法不容，天道亦不容矣！」應該像「中原之民，惟知應役輸稅，無負官府」。只有如此，才能「上下相安，風俗淳美，共用太平之福！」

里甲的組織，除了精密動員人力以外，最主要的任務還是布置全國性的特務網，嚴密監視並逮捕危害統治的人物。

用「路引」限制百姓流動

朱元璋發展了古代的傳、過所、公憑這一套制度，制定了「路引」（通行證或身分證）。法律規定：

「凡軍民人等往來，但出百里即驗文引。如無文引，必須擒拿送官，仍許諸人首告，得實者賞，縱容者同罪。天下要衝去處，設立巡檢司，專一盤詰往來奸細及販賣私鹽犯人逃囚，無引面生可疑之人。」

處刑的辦法：「凡無文引私度關津者杖八十；若關不由門，津不由渡而越度者杖九十；若越度緣邊關塞者，杖一百，徒三年；因而出外境者絞。」

軍民的分別：「若軍民出百里之外不給引者，軍以逃軍論，民以私度關津論。」這制度把人民的行動範圍，用無形的銅牆鐵壁嚴密圈禁。

路引是要向地方官請領的，請不到的，便被禁錮在生長的土地上，行動不能出百里之外。

要鉗制監視全國人民，光靠巡檢司是不夠的，里甲於是被賦予了輔助巡檢司的任務。

朱元璋在洪武十九年（一三八六年）手令「要人民互相知丁」，知丁是監視的意思：

「誥出，凡民鄰里互相知丁，互知務業，俱在里甲，縣府州務必周知，市村絕不許有逸夫。若或異四業而從釋道者，戶下除名。凡有夫丁，除公占外，餘皆四業，必然有效。一，知丁之法，某民丁幾，受農業者幾，受士業者幾，受工業者幾，受商業者幾。且欲士者志於士，進學之時，師友某代，習有所在，非社學則入縣學，非縣必州府之學，此其所以知士丁之所在。已成之士為未成士之師，鄰里必知生徒之所在，庶幾出入可驗，無異為也。一，農業者不出一裡之間，朝出暮入，作息之道互知焉。一，專工之業，遠行則引明所在，用工州裡，往必知方，巨細作為，鄰里采知，巨者歸遲，細者歸疾，出入不難見也。一，商本有巨微，貨有重輕，所趨遠近水陸，明於引間，歸期艱限其業，鄰里務必周知，若或經年無信，二載不歸，鄰里當覺（報告）之詢故。本戶若或托商在外非為，鄰里勿干。」

「逸夫」指的是無業的危險分子，如不執行這命令：「一里之間，百戶之內，仍有逸夫，里甲坐視，鄰里親戚不拿，其逸夫或於公門中，或在市閭裡，有犯非為，捕獲到官，逸夫處死，里甲四鄰化外之遷，的不虛示。」

又說：

「此誥一出，自京為始，遍布天下，一切臣民，朝出暮入，務必從容驗丁。市井人民，舍客之際，辨人生理，驗人引目，生理是其本業，引目相符而無異，猶恐托業為名，暗有他為。雖然業與引合，又識重輕巨微貴賤，倘有輕重不論，所齎微細，必假此而他故也，良民察焉。」

異為，非為，他為，他故，都是法律術語，即不軌、不法的意思。前一手令是里甲鄰里的連坐法，後一手令是旅館檢查規程，再三叮嚀訓示，把里甲和路引制度關聯成為一體，不但圈禁人民在百里內，而且用法律、手令，強迫每一個人都成為政府的代表，執行調查、監視、告密、訪問、逮捕的使命。

第二章

皇帝私人偵探機關的設立

廠衛的設立與沿襲

在舊式的政體之下，皇帝只是代表他的家族以及外環的一個特殊集團的利益，比較被統治的人民，他的地位，不但孤立，而且永遠是在危險的邊緣，尊嚴的神聖寶座之下，醞釀著待爆發的火山。

為了家族的威權和利益的持續，他們不得不想盡鎮壓的法子，公開的律例、刑章，公開的軍校和法庭不夠用，也不便用，他們還需要造成恐怖空氣的特種組織、特種監獄和特種偵探，來監視每一個可疑的人，可疑的官吏。

他們用秘密的方法偵伺，搜查，逮捕，審訊，處刑。在軍隊中，在學校中，在政府機關中，在民間，在茶樓酒館，在集會場所，甚至在交通孔道、大街小巷，處處都有這類人在活動。

執行這些任務的特種組織，歷代都有。在漢有「詔獄」和「大誰何」，在唐有「麗景門」和「不良人」，在宋有「詔獄」和「內軍巡院」，在明有「錦衣衛」和「東西廠」，在袁世凱時代則有「偵緝隊」。

錦衣衛和東西廠，明人合稱為「廠衛」。從十四世紀後期一直到十七世紀中葉，這兩機關始終存在（中間曾經幾度短期廢止，但不久即復設）。錦衣衛是內廷的偵察機關，東廠則由宦官提督，最為皇帝所親信，即錦衣衛也受其偵察。

錦衣衛初設於明太祖時，是內廷親軍，皇帝的私人衛隊，不隸都督府。其下有南北鎮撫司，南鎮撫司掌本衛刑名，北鎮撫司專治詔獄，可以直接取詔行事，不必經過外廷法司的法律手續，甚至本衛長官亦不得干預。

錦衣衛的正式職務，據《明史·職官志》說是「掌侍衛緝捕刑獄之事，凡盜賊奸宄街塗溝洫，密緝而時省之。」經過嘉靖初年裁減後，縮小其職權，改為「專察不軌妖言人命強盜重事」。其實最主要的還是偵察「不軌妖言」，不軌指政治上的反動者或黨派，妖言指宗教的集團如彌勒教、白蓮教、明教等。明太祖出身於鄉軍，深知「彌勒降生」和「明王出世」等宗教傳說，對於渴望改善生活的一般農民，所發生的政治作用是如何重大。

他尤其瞭解聚眾結社對現實政權有如何重大的意義和威脅，他從這兩種活動中得到政權，也已為這政權立下基礎，唯一使他焦急的問題是，如何才能讓子子孫孫永遠都能不費事地繼承這政權。

他所感覺到的嚴重危機有兩方面，其一是並肩起事的諸將，個個都身經百戰，梟悍難制；其二是出身豪室的文臣，他們有地方的歷史勢力，有政治的聲望，又有計謀，不容易對付。這些人在他在位的時候，固然鎮壓得下，但也還惴惴不安。

他身後的繼承人呢，太子忠厚柔仁，只能守成，不能應變。到太子死後，他已是望七高年，太孫不但幼稚，而且比他兒子更不中用，成天和一批腐儒接近，景慕三王，服膺儒術，更非制馭梟雄的角色。他為著要使自己安心，要替他兒孫斬除荊棘，便不惜用一切可能的殘酷手段，大興胡藍黨案，屠殺功臣，又用整頓吏治，治亂國用重刑的口實，把中外官吏地主豪紳也著實淘汰了一番，錦衣衛的創立和授權，便是發揮這個作用。

經過幾次的大屠殺以後，臣民側足而立，覺得自己的地位已經安定了。為了緩和太過緊張的氣氛，洪武二十年（一三八七年）下令焚毀錦衣衛刑具，把錦衣衛所禁閉的囚徒都送刑部。隔六年，胡黨藍黨都已殺完，朱元璋不再感覺到政治上的逼脅了，於是又解除錦衣衛的典詔獄權，詔內外獄毋得上錦衣衛，大小案件都由法司治理。天下從此算太平了。

不到十年，帝位發生爭執，靖難兵起，以庶子出藩北平的燕王入居大位，打了幾年血仗，雖然到了南京，名義上算做了皇帝，可是地位仍不穩固。因為：

第一，建文帝有出亡的傳說，宮內自焚的遺體中不能確定是否建文帝也在內，假如萬一建文帝未死，很有起兵復國的可能。

第二，他以庶子僭位，和他地位相同的十幾個親王看著眼紅，保不住也重玩一次靖難的把戲（這一點在他生前算是過慮，可是到孫子登位後，果然又鬧了一次叔侄交兵）。

第三，當時他的兵力所及的只是由北平到南京一條交通線，其他地方只是表面上表示服從。

第四，建文帝的臣下，在朝的如曹國公李景隆、駙馬都尉梅殷等，在地方的如盛庸平、安何福等都曾和他敵對作戰。其他地方官吏文武臣僚也都是建文舊人，不能立地全盤更動。這使他感覺有臨深履薄的恐懼。在這樣的情況之下，他用得著他父親傳下的衣鉢，於是錦衣衛重複活動，一直到亡國，始終做皇帝的耳目，擔任獵犬和屠夫的雙重角色。

錦衣衛雖然親近，到底是外官，也許會徇情面，仍是不能放心。明成祖初起時曾利用建文帝左右的宦官探消息，即位以後，以為這些內官忠心可靠，特設一個東廠，職務是「緝訪謀逆妖言大逆等」，完全和錦衣衛相同。屬官有貼刑，以錦衣衛千百戶充任，所不同的是用內臣提督，通常都以司禮監秉筆太監第二人或第三人派充，關係和皇帝最密切，威權也最重。以後雖有時廢罷，名義也有時更換為西廠或外廠，或東西廠、內外廠並設，或在東西廠之上加設內行廠，連東西廠也在伺察之下。但在實際上，廠的使命是沒有什麼變更的。

廠與衛成為皇帝私人的特種偵探機關，其系統是錦衣衛監察偵伺一切官民，東（西）廠偵察一切官民及錦衣衛，有時或加設一最高機構，偵探一切官民和廠衛，如劉瑾的內行廠和馮保的內廠，皇帝則直接監督一切偵緝機關。如此層層緝伺，層層作惡，人人自疑，人人自危，造成了政治恐怖。

廠衛的體制

廠衛同時也是最高法庭，有任意逮捕官吏平民，加以刑訊判罪和行刑的最高法律以外的權力。

衛的長官是指揮使，其下有官校，專司偵察，名為緹騎。

嘉靖時陸炳官緹帥，所選用衛士緹騎皆都中大豪，善把持長短，多布耳目，所睚眥無不立碎。所召募畿輔秦晉魯衛駢脅超乘跡射之士以千計，衛之人鮮衣怒馬而仰度支者凡十五六萬人。四出跡訪：「凡縉紳之門，各有數人往來其間，而凡所緝訪，止屬風聞，多涉曖昧，雖有心口，無可辯白。各類計所獲功次，以為升授。憑其可逞之勢，而邀其必獲之功，捕風捉影，每附會以仇其奸，非法拷訊，時威逼以強其認。」

結果，一般仕宦階級都嚇得提心吊膽，「常晏起早闔，毋敢偶語，旗校過門，如被大盜」。抓到了人時，先找一個空廟祠宇榜掠了一頓，名為打樁，「有真盜倖免，故令多攀平民以足數者，有括家囊為盜賊，而通棍惡以證其事者，有潛種圖書陷人於妖言之律者，有懷挾偽批坐人以假印之科者，有姓名彷彿而荼毒連累以死者。」訪拿所及，則「家資一空，甚至並同室之有而席捲以去，輕則匿於檔頭火長校尉之手，重則官與瓜分。」被訪拿的一入獄門，便無生理，「五毒備嘗，肢體不全。其最酷者曰琵琶，每上百骨盡脫，汗下如水，死而復生，如是者二三次，荼酷之下，何獄不成。」

其提人則止憑駕帖，弘治元年（一四八八年）刑部尚書何喬新奏：「舊制提人，所在官司必驗精微批文，與符號相合，然後發遣。近者中外提人，只憑駕帖，既不用符，真偽莫辨，奸人矯命，何以拒之？」當時雖然明令恢復批文提人的制度，可是錦衣旗校卻依舊只憑駕帖拘捕。正德初周璽所說：「邇者皇親貴幸有所奏陳，陛下據其一面之詞，即行差官齎駕帖拿人於數百里之外，驚駭黎庶之心，甚非新政美事。」便是一個例子。

東廠的體制，在內廷衙門中最為隆重。凡內官奉差關防皆曰某處內官關防，惟東廠篆文為「欽差監督東廠官校力事太監關防」。《明史》記「其隸役皆取給於衛，最輕巧儇佶者乃充之。役長曰檔頭，帽上銳，衣青素褲褶，繫小縧，白皮靴，專主伺察。其下番子數人為幹事，京師亡命誆財挾仇視幹事者為窟穴，得一陰事，由之以密白於檔頭，檔頭視其事大小先予之金，事曰起數，金曰買起數。既得事，帥番子至所犯家，左右坐曰打樁，番子即突入執訊之無有佐證符牒，賄如數徑去，少不如意，榜治之名曰乾酢酒，亦曰搬罾兒，痛楚十倍官刑，且授意使牽有力者，有力者予多金即無事，或靳不予，予不足，立聞上，下鎮撫司獄，立死矣。」

對於行政官吏所在，也到處派人伺察：「每月旦，廠役數百人掣籤庭中，分瞰官府。」有聽記、坐記之別，「其視中府諸處會審大獄，北鎮撫司拷訊重犯者曰聽記，他官府及各城門緝訪曰坐記」。所得秘密名為打事件，即時由東廠轉呈皇帝，甚至深更半夜也可隨時呈進，「以故事無大小，天子皆得聞之，家人米鹽猥事，宮中或傳為笑謔，上下惴惴，無不畏打事件者」。

錦衣衛到底是比不上東廠與皇帝親近，報告要用奏疏，東廠則可以直達。以此，廠權就高於衛。

東廠的淫威，試舉一例。

當天啟時，有四個平民半夜裡偷偷在密室喝酒談心。酒酣耳熱，有一人大罵魏忠賢，餘三人聽了不敢出聲。罵猶未了，便有番子突入，把四人都捉去，在魏忠賢面前把發話之人剝了皮，餘三人賞一點錢放還，這三人嚇得魂不附體，差一點兒變成瘋子。

詔獄：皇帝直接掌管的監獄

錦衣衛獄即世所稱詔獄，由北鎮撫司專領。北鎮撫司本來是錦衣衛指揮使的屬官，品秩極低，成化十四年（一四七八年）增鑄北司印信，一切刑獄不必關白本衛，連衛所行下的公事也可直接上請皇帝裁決，衛指揮使不敢干預，因之權勢日重。外廷的三法司（刑部、大理寺、都察院）不敢與抗。

嘉靖二年（一五二三年），刑科給事中劉濟上言：「國家置三法司以理刑獄，其後乃有錦衣衛鎮撫司專理詔獄，緝訪於羅織之門，鍛煉於詔獄之手，裁決於內降之旨，而三法司幾於虛設矣。」其用刑之慘酷，非人類所能想像。

沈德符記：「凡廠衛所廉謀反殺逆及強盜等重辟，始下錦衣之鎮撫司拷問，尋常止曰打著問，重者加好生二字，其最重大者則曰好生著實打著問，必用刑一套，凡十八種，無不試之。」用刑一套為全刑，曰械，曰鐐，曰棍，曰栘，曰夾棍，五毒備具，呼號聲沸然，血肉潰爛，宛轉求死不得。詔獄「室卑入地，牆厚數仞，即隔壁號呼，悄不聞聲，每市一物入內，必經數處檢查，飲食之屬十不能得一，又不得自舉火，雖嚴寒不過啖冷炙披冷衲而已。家人輩不但不得隨入，亦不許相面。惟於拷問之期，得遙於堂下相見。」

天啟五年（一六二五年）遭黨禍被害的顧大章所作《獄中雜記》裡說：「予入詔獄百日而奉旨暫發（刑）部者十日，有此十日之生，並前之百日皆生矣。何則，與家人相見，前之遙聞者皆親證也。」拿詔獄和刑部獄相比，竟有天堂地獄之別。

瞿式耜在他的《陳時政急著疏》中也說：「往者魏崔之世，凡屬凶網，即煩緹騎，一屬緹騎，即下鎮撫，魂飛湯火，慘毒難言，苟得一送法司，便不啻天堂之樂矣。」被提者一入撫獄，便無申訴餘地，坐受榜掠。

魏大中《自記年譜》：「十三日入都羈錦衣衛東司房，二十八日許顯純、崔應元奉旨嚴鞫，許既迎二魏（魏忠賢、魏廣微）意，構汪文言招辭而急斃之以滅口。對簿時遂斷斷如兩造之相質，一桚敲一百，穿梭一夾，敲五十板子，打四十棍，慘酷備至，而抗辯之語悉閟不得宣。」

「六君子」被坐的罪名是受熊廷弼的賄賂，有的被刑自忖無生理，不得已承順，希望能轉刑部得生路，不料結果更壞，廠衛勒令追贓，「遂五日一比，慘毒更甚。比時累累跪階前，訶詬百出，裸體辱之，弛杻則受拶，弛鐐則受夾，弛拶與夾則仍戴杻鐐以受棍，創痛未復，不再宿復加榜掠。後訊時皆不能跪起荷桎梏，平臥堂下。」終於由獄卒之手秘密處死，死者家人至不知其死法及死期，葦席裹屍出牢戶，蟲蛆腐體。

六君子是楊漣、左光斗、魏大中、袁化中、周朝瑞、顧大章，都是當時的清流領袖，朝野表率，為魏忠賢所忌，天啟五年（一六二五年）相繼死於詔獄。

廷杖：證明官員有氣節的代名詞

除了在獄中的非刑以外，和廠衛互相表裡的一件惡政是廷杖，錦衣衛始自明太祖，東廠為明成祖所創設，廷杖卻是抄襲元朝的。

在元朝以前，君臣之間的距離還不十分懸絕，三公坐而論道，和皇帝是師友，宋朝雖然臣僚在殿廷無坐處，卻也還禮貌大臣，絕不加以非禮的行為，「士可殺不可辱」這一傳統的觀念，上下都能體會。蒙古人可不同，他們根本不瞭解上的地位，也不能用理論來裝飾殿廷的莊嚴。他們起自馬上，生活在馬上，政府中的臣僚也就是軍隊中的將校，一有過錯，拉下來打一頓，打完照舊辦事，不論是中央官還是地方官，在平時或是在戰時，臣僚挨打是家常便飯，甚至中書省的長官，也有在殿廷被杖的記載。

明太祖繼元而起，雖然一力「復漢官之威儀」，摒棄胡俗胡化，對於杖責大臣一事，卻習慣地繼承下來。著名的例子：被杖死的如親侄大都督朱文正，工部尚書薛祥，永嘉侯朱亮祖父子，部曹被廷杖的如主事茹太素。從此殿陛行杖，習為祖制，正德十四年（一五一九年）以南巡廷杖舒芬等百四十六人，死者十一人；嘉靖三年（一五二三年）以大禮之爭廷杖豐熙等百三十四人，死者十六人。循至方面大臣多斃杖下，幸而不死，犯公過的仍須到官辦事，犯私仇者再下詔獄處死。

至於前期和後期廷杖之不同，是去衣和不去衣，沈德符說：「成化以前諸臣被杖者皆帶衣裹氈，不損膚膜，然猶內傷困臥，需數旬而後起，若去衣受笞，則始於逆瑾用事，名賢多死，今遂不改。」

廷杖的情形，據艾穆所說，行刑的是錦衣官校，監刑的是司禮監：

「司禮大璫數十輩捧駕帖來，首喝曰帶上犯人來，每一喝則千百人一大喊以應，聲震甸服，初喝跪下，宣駕帖杖吾二人，著實打八十棍，五棍一換，總之八十棍換十六人。喝著實打，喝打閣上棍，次第凡四十六聲，皆大喊應如前首喝時，喝閣上棍者閣棍在股上也。杖畢喝踩下去，校尉四人以布袱曳之而行。」

天啟時萬璟被杖死的情形，樊良材撰《萬忠貞公傳》道：「初璟劾魏璫疏上，璫恚甚，矯旨廷杖一百，褫斥為民。彼一時也，緹騎甫出，群聚蜂擁，繞舍驟禽，飽恣拳棒，摘髮捉肘，拖遝摧殘，曳至午門，已無完膚。迨行杖時逆檔領小豎數十輩奮袂而前，執金吾（錦衣衛指揮使）止之曰留人受杖，逆璫瞋目監視，倒杖張威，施辣手而甘心焉。杖已，血肉淋漓，奄奄待盡。」

廷杖之外，還有立枷，創自劉瑾，錦衣衛常用之：「其重枷頭號者至三百斤，為期至二月，已無一全。而最毒者為立枷，不旬日必絕。偶有稍延者，命放低三數寸，則頃刻殞矣。凡枷未滿期而死，則守者掊土掩之，俟期滿以請，始奏聞領埋，若值炎暑，則所存僅空骸耳，故談者謂重於大辟云。」

詔獄、廷杖、立枷之下，士大夫不但可殺，而且可辱，君臣間的距離愈來愈遠，「天皇聖明，臣罪當誅」，打得快死而猶美名之曰恩譴，曰賜杖，禮貌固然談不上，連主奴間的恩意也因之而蕩然無存了。

廠衛之弊

廠衛之弊，是當時人抗議最集中的一個問題，但是毫無效果，並且愈演愈烈。例如商輅《請革西廠疏》說：「近日伺察太繁，法令太急，刑網太密，官校提拿職官，事皆出於風聞，暮夜搜檢家財，初不見有駕帖，人心洶洶各懷疑畏。內外文武重臣，托之為股肱心膂者也，亦皆不安於位。有司庶府之官，資之以建立政事者也，舉皆不安於職，商賈不安於市，行旅不安於途，士卒不安於伍，黎民不安於業。」

在此情形下，任何人都有時時被捕的危險。反之，真是作惡多端的巨奸大憝，只要能得到宮廷的諒解，便可置身法外。《明史・刑法志》說：「英憲以後，欽恤之意微，偵伺之風熾，巨惡大憝，案如山積，而旨從中下，縱不之問。或本無死理，而片紙付詔獄，為禍尤烈。」

明代二祖設立廠衛之本意，原在偵察不軌，尤其是注意官吏的行動。隆慶中刑科給事中舒化上疏只憑表面事理立論，恰中君主所忌，他說：「朝廷設立廠衛，所以捕盜防奸細，非以察百官也。駕馭百官乃天子之權，而奏劾諸司責在臺諫，朝廷自有公論。今以暗訪之權歸諸廠衛，萬一人非正直，事出冤誣，是非顛倒，殃及善良，陛下何由知之。且朝廷既憑廠衛，廠衛必委之番役，此輩貪殘，何所不至！人心憂危，眾目睚眥，非盛世所宜有也。」

至於苛擾平民，則更非宮廷所計及，楊漣劾魏忠賢二十四大罪疏中曾特別指出：「東廠原以察奸細，備非常，非擾平民也。自忠賢受事，雞犬不寧，而且直以快恩怨，行傾陷，片語違，則駕帖立下，造謀告密，日夜未已。」

甚至在魏忠賢失敗以後，廠衛的權力仍不因之動搖，劉宗周上疏論其侵法司許可權，譏為人主私刑，他說：

「我國家設立三法司以治庶獄，視前代為獨詳，蓋曰刑部所不能決者，都察院得而決之，部院所不能平者，大理寺得而平之，其寓意至深遠。開國之初，高皇帝不廢重典以懲巨惡，於是有錦衣之獄。至東廠緝事，亦國初定都時偶一行之於大逆大奸，事出一時權宜，後日遂相沿而不復改，得與錦衣衛比周用事，致人主有私刑。自皇上御極以後，此曹猶肆羅織之威，日以風聞事件上塵睿覽，輦轂之下，人人重足。」

結果是：「自廠衛司譏訪而告奸之風熾，自詔獄及士紳而堂廉之等夷，自人人救過不給而欺罔之習轉盛，自事事仰承獨斷而諂諛之風日長，自三尺法不伸於司寇而犯者日眾。」

廠衛威權日盛，使廠衛二字成為凶險恐怖的象徵，破膽的霹靂，遊民奸棍遂假為恐詐之工具，京師外郡並受荼毒，其禍較真廠衛更甚。

崇禎四年（一六三一年）給事中許國榮《論廠衛疏》歷舉例證說：「如綢商劉文斗行貨到京，奸棍趙瞎子等口稱廠衛，捏指漏稅，密擒於崇文門東小橋廟內，詐銀二千餘兩。長子縣教官推升縣令，忽有數棍擁入其寓內，口稱廠衛，指為營幹得來，詐銀五百兩。山西解官買辦黑鉛照數交足，眾棍窺有餘剩在潞紬鋪內，口稱廠衛，指克官物，捉拿王鋪等四家，各詐銀千餘兩……薊門孔道，假偵邊庭，往來如織……至於散在各衙門者，藉口密探，故露蹤跡，紀言紀事，筆底可操禍福，書吏畏其播弄風波，不得不醵金陰餌之，遂相沿為例而莫可問。」

崇禎十五年（一六四二年）御史楊仁願疏《論假番及東廠之害》說：「臣待罪南城，所閱詞訟多以假番故稱冤，夫假稱東廠，害猶如此，況其真乎？此由積重之勢然也。所謂積重之勢者，功令比較事件，番役每懸價以買事件，受買者至誘人為奸盜而賣之，番役不問其從來，誘者分利去矣。挾忿首告，誣以重法，挾者志無不逞矣。伏願寬東廠事件而後東廠之比較可緩，東廠之比較緩而番役之買事件與賣事件者俱可息，積重之勢庶可稍輕。」

抗議者的理由縱然充分到極點，也不能消除統治者孤立自危的心理。《明史》說：「然帝（思宗）倚廠衛益甚，至國亡乃已。」

第三章

錦衣衛：參與大屠殺的幫凶

胡藍黨案

以朱元璋為首的淮西農民武裝集團，在起事時是堅決反對當時占統治地位的蒙漢地主階級的，但在取得勝利以後，便都轉化為擁有大量土地、佃戶的大地主，成為皇帝、國公、列侯，高官顯爵，治理六千萬臣民的封建統治階級了。

洪武四年（一三七一年）統計，韓國公李善長、魏國公徐達、鄭國公常茂（常遇春的兒子）、曹國公李文忠、宋國公馮勝、衛國公鄧愈六個國公和延安侯、吉安侯等二十八個侯，都擁有大量莊田，佃戶凡三萬八千一百九十四戶。

皇帝是淮人，丞相李善長、徐達和功臣湯和、耿君用、炳文父子、郭興、郭英、周德興、鄭遇春、陸仲亨、曹震、張翼、陳桓、孫恪、謝成、李新、何福、張龍、張赫、胡泉、陳德、王志、唐勝宗、費聚、顧時、唐鐸、馬世熊，幕僚李夢庚、單安仁、郁新、郭景祥等都是鳳陽人，其中湯和、周德興還是朱元璋同村子的人。絕大部分公、侯和朝廷重要官員都是淮人。

遠在朱元璋初據集慶時，詩人貝瓊的詩就寫道：「兩河兵合盡紅巾，豈有桃源可避秦？馬上短衣多楚客，城中高髻半淮人。」淮水流域在春秋時是楚的地方，從這幾句詩可以看出當時儒生、文人對「楚客」「淮人」顯赫一時的看法。

到了朱元璋建國稱帝以後，淮人在政治上、軍事上、經濟上越發占壓倒性的優勢，非淮人被排擠、壓抑，他們不甘心，也想盡一切辦法取得朱元璋的信任。就這樣，封建統治階級內部展開了非淮人和淮西集團爭權奪利的鬥爭，矛盾越來越尖銳，朱元璋就利用這種矛盾，重用淮人而又運用非淮人來監視淮人，以此加強和鞏固自己的權力。

功臣以血戰立功封公侯，擁有部曲、義子和大量奴僕，他們又和各地衛所軍官有過統率關係，在和平環境裡，這種雖然數量不大的武裝力量和袍澤關係，卻有可能成為傾覆皇家統治的巨大威脅。

管理全國政事的機構中書省的制度，是從元朝繼承下來的。中書省丞相綜理政務，職權很重。相權重了，皇帝的權力就相對地削弱了，朱元璋是個權力欲極強的人，凡事都要自己做主。但是有長期歷史傳統的丞相制度，卻對皇帝的至高權力起了牽制作用。

貴族地主對人民的非法剝削，對皇朝賦役的隱蔽侵佔；淮西集團對非淮人的排擠、打擊；軍事貴族可能發生叛變的威脅；相權和君權的矛盾，這些內部矛盾隨著國家機器的加強而日益加深，衝突日益嚴重，最後達到不可調和的地步。朱元璋倚靠中小地主的支持，運用檢校和直接掌握的軍隊，採取流血手段，鞏固了自己的政權。洪武十三年（一三八〇年）殺丞相胡惟庸，二十六年（一三九三年）殺功臣藍玉，胡惟庸和藍玉的關聯人犯被殺的稱為胡黨、藍黨，人數在四萬人左右。

貴族地主侵犯人民和皇朝利益，破壞法紀的情況，是由來已久的。龍鳳十年（一三六四年），朱元璋就曾當面向徐達、常遇春等人說過：「爾等從我起身，艱難成此功勳，非朝夕所致。比聞爾等所蓄家僮，乃有恃勢驕態，逾越禮法，小人無忌，不早懲治之，或生釁隙，寧不為其所累。」

洪武三年（一三七〇年）：「時武臣恃功驕態，得罪者漸眾。」

四年（一三七一年）：「時諸勳臣所賜公田莊佃，多倚勢冒法，凌暴鄉里，而諸勳臣亦不禁戢。」

六年（一三七三年）五月，朱元璋以功臣多倚功犯法，奴僕殺人，隱匿不報，封建統治集團的核心破壞了皇朝的法紀，侵犯了人民和皇朝的利益，情況日益嚴重，只好採取內部約束的辦法，特別命令工部製造鐵榜，鑄了申誡公侯的條令：

凡公侯之家強佔官民山場、湖泊、茶園、蘆蕩及金銀銅場、鐵冶；

凡功臣之家管莊人等，倚勢在鄉欺毆人民；

凡功臣之家屯田佃戶、管莊干辦、火者、奴僕，及其他親屬人等，倚勢凌民，奪侵田產財物者；

凡公侯之家除賜定儀仗戶及佃田人戶，已有名額報籍在官，敢有私托門下、影蔽差傜者；

凡公侯之家，倚恃權豪，欺壓良善，虛錢實契，侵奪人田地房屋孳畜者；

凡功臣之家受諸人田土，及朦朧投獻物業。

逐項規定了處罰和處刑的法律。其中公侯家人倚勢凌人，奪侵田產財物和私托門下、影蔽差傜都處斬罪。很顯然，前者破壞了皇朝的保護私有財產的法紀，後者破壞了皇朝的傜役政策，都是非嚴厲制裁不可的。

從朱元璋必須制定專門法律條例來約束淮西集團的公侯功臣和他們的管莊人等，說明了鐵榜所列舉的罪狀已經帶有普遍性和嚴重性，也說明了朱元璋和這個集團的首腦人物，儘管在過去同生死、共患難，但並不是鐵板一塊，而是隨著內部矛盾的產生、滋長、發展，逐步走到了對立面。

具體事例如湯和的姑夫隱瞞常州的田土，為朱元璋所殺。立鐵榜以後，藍玉專恣暴橫，蓄莊奴假子數千人，出入乘勢漁獵。嘗占東昌民田，百姓向御史告狀，御史依法提審，藍玉一頓亂棍把他打走。又令家人私買雲南鹽一萬餘引，倚勢兌支，侵奪民財，阻壞鹽法。

郭英私養家奴百五十餘人，又擅殺男女五人。周德興營第宅逾制。朱亮祖鎮嶺南，作為擅專，貪取尤甚。可見封建王朝的法律對這批淮西集團的貴族地主的約束力並不大。

朱元璋為了鞏固自己的統治權力，極力維護為統治階級服務的法紀，觸犯、違反法律的決不寬侑。早在取金華時，因為缺乏糧食，嚴令禁酒，這時大將胡大海正領兵圍紹興，其子胡三舍、王舅等三人犯酒禁，朱元璋下令處死刑，都事王愷勸他：「胡大海見總兵攻紹興，可以本官之故饒他。」朱元璋發怒說：「寧可胡大海反了，不可壞我號令！」自己抽刀把這幾人殺了。

渡江舊將趙仲中守安慶，陳友諒遣大軍圍攻，城破，仲中遁走，朱元璋大怒，命按失陷城池律處死，常遇春勸說：「仲中係渡江舊人，姑用赦之。」朱元璋說：「不依軍法，無以戒後。」給弓弦一條，令其自縊。

謝再興叛降張士誠後，其弟謝三、謝五守餘杭，李文忠率軍圍城，叫他們投降，謝五於城上拜說：「保得我性命，便出降。」文忠指天起誓：「我是總兵官，不得殺你。」謝五兄弟投降後，朱元璋命押送南京，文忠以為如殺二謝，恐失信人，後無肯降者。朱元璋說：「謝再興是我親家，反背我降士誠，情不可恕！」還是把謝三、謝五殺了。

為了保護封建法紀，他寧肯讓前敵領兵將領叛變，也非處死犯禁者不可，朱元璋一直堅持這種精神，並且總結成為理論，他說：「奈何胡元以寬而失，朕收平中國，非猛不可！」以猛、以嚴治國，這樣，也就不能不日益和淮西集團分裂以至對立，用流血手段解決問題了。

淮人官僚集團的中心人物是李善長。他是朱元璋起兵後的幕府書記，稱王時的右相國，稱帝後的左相國、左丞相，在朝廷上位列第一。兒子是皇帝的女婿駙馬都尉，他的親戚同鄉胡惟庸也繼為丞相。從李善長到胡惟庸先後掌權的十七年中，極力排擠非淮人，不使當權。

浙東地主集團的領袖劉基也是開國功臣，是朱元璋的親信謀士，朱元璋對他兒子說過：「我到婺州時，得了處州。他那裡東邊有方國珍，南邊有陳友定，西邊有張家，劉伯溫那時挺身來隨著我……鄱陽湖裡到處廝殺，他都有功。」在和陳友諒、張士誠的爭奪戰中，他都向朱元璋提出了正確的意見。

組成明朝軍隊的軍衛制也是他的建議，功勞很大。但在大封功臣時，劉基只封誠意伯，歲祿二百四十石。李善長則封韓國公，歲祿四千石。朱元璋到汴梁大會諸將，李善長和御史中丞劉基在南京留守，李善長的親信中書省都事李彬犯法，李善長求情，劉基不聽，向朱元璋書面報告，批准後就把李彬殺了。浙東地主集團本來是淮西集團的眼中釘，再加上這件事，仇恨就越發深了。

朱元璋回來後，聽了李善長的挑撥，就讓劉基請假回家。洪武四年（一三七一年），索性要他告老回鄉閒住了。

在此以前，朱元璋曾和劉基商量丞相的人選，有人攻擊李善長，劉基說他是舊人有功，能夠調和諸將。朱元璋說：他多次要害你，你怎麼還替他說好話，我看還是你來當丞相吧。劉基自己知道在淮西集團當權的情況下，他是站不住腳的，堅決辭謝。朱元璋又問他楊憲、汪廣洋、胡惟庸如何？楊憲是劉基的好朋友，但是劉基認為楊憲雖有相才，但器量不夠，汪廣洋褊淺，胡惟庸更不行。

幾年後，胡惟庸當權，他恨劉基說他的壞話，借個由頭在朱元璋面前攻擊劉基，革掉劉基歲祿。劉基只好到南京請罪，連家也不敢回去了，憂憤生病，胡惟庸派醫生來看，吃了藥，病越發重了，洪武八年（一三七五年）死去。

胡惟庸案發後，有人告發，劉基是被胡惟庸毒死的。朱元璋後來和劉基的兒子談話，也多次說：「劉伯溫他在這裡時，滿朝都是黨，只是他一個不從，吃他每（們）蠱了。」

又說：「你休道父親吃他每（們）蠱了。他只是有分曉的，他每（們）便忌著他。若是那無分曉的呵，他每（們）也不忌他。到如今，我朝廷是有分曉在，終不虧他的好名。」

又說：「劉伯溫在這裡時，胡家結黨，只是老子不說罷了。」

又說：「後來胡家結黨，吃他下的蠱，只見一日來我說『上位，臣如今肚內一塊硬結怛，諒看不好。』我著人送他回去，家裡死了。後來宣得他兒子來問，說道脹起來緊緊的，後來瀉得癟癟的，卻死了，這正是著了蠱。他大兒子在江西也吃他的藥死了。」

從這些話中，可以清楚地看出封建統治階級內部兩個不同地區的地主集團尖銳鬥爭的情況。

山西陽曲人楊憲是朱元璋初期的檢校，曆官到御史臺中丞。朱元璋愛他有才力，常說楊憲可居相位。楊憲和檢校凌說、高見賢、夏煜輪流向朱元璋訴說李善長無宰相材，要擠掉善長，朱元璋說：「善長雖無相材，但是與我同鄉，一起兵就跟我，經過艱險，勤勞簿書，功勞很多。我做皇帝，他自然該做宰相，這是用舊臣功臣，今後不要再說了。」

話雖這般說，聽多了又有些動搖，便和劉基商量，要用楊憲為相。胡惟庸聽得風聲，連忙告訴李善長說：「楊憲為相，我等淮人不得為大官矣。」這件事關係到整個淮西集團的切身利益，是場你死我活的鬥爭，他們便團結一致，合力傾陷，楊憲終於被殺，凌說、高見賢、夏煜也先後被處死刑。

同樣，楊憲對不是他自己系統的人也是用盡一切方法排擠，例如曾經做過方國珍幕府都事判上虞的寧海人詹鼎，為人有才學，做官有好名聲，到南京上萬言書，朱元璋看了很中意，要給官做。楊憲卻忌他的才華，極力阻止。到楊憲死了，才做了一個小官。淮西集團和浙東集團的傾軋，楊憲等人對淮西集團的傾軋，對不是自己系統中人的排擠，從鄉土觀念出發演變成的政治鬥爭，是洪武初期政治上的一個特徵。

軍事貴族對皇家統治的威脅，從謝再興叛變，邵榮案發以後，就使朱元璋十分緊張，提高警惕，用盡一切方法來維護自己的獨裁統治。

朱元璋對將領不敢信任，以其家屬留京作質。邵榮、趙繼祖被殺後，朱元璋對諸將越發不放心，倚靠檢校偵察將士私事，將領人人自危。徐達、湯和為人十分小心謹慎，也被猜疑，朝臣紛紛傳說，越發造成緊張氣氛。

洪武五年（一三七二年）的鐵榜用法律形式規定：凡內外各指揮、千戶、百戶、鎮撫並總旗、小旗等，不得私受公侯金帛、衣服、錢物；內外各衛官軍，非當出征之時，不得輒於公侯門首侍立聽候；公侯等官，非奉特旨，不得私役官軍。朱元璋對公侯大將的防制愈嚴密，矛盾就愈深刻，裂痕也日益擴大。

最後，封建統治階級的內部矛盾集中表現為皇權和相權的鬥爭。

胡惟庸是朱元璋在和州時的帥府奏差，李善長的親戚，淮西官僚集團的重要人物。由於李善長的極力推薦，洪武三年（一三七〇年）官中書省參知政事，六年（一三七三年）升右丞相，進左丞相。深得朱元璋信任，權勢日盛。仗著是淮西舊人，又有李善長等元老重臣的支持，便一意專行，朝廷上生死人命和升降官員等大事，有時逕自處理，不向朱元璋報告。內外諸衙門的報告有對自己不利的也就扣壓下來。各地想做官、升官的，功臣、軍人失意的都奔走在他的門下，送金帛、名馬、玩好不計其數。做了七年宰相，門下故舊僚友結成了牢固的小集團。

中書省綜掌全國大政，丞相對一切庶務有權專決，統率百官，只對皇帝負責。在胡惟庸以前，丞相李善長小心謹慎，徐達經常統兵在外，和朱元璋的衝突還不十分明顯。接著是高郵人汪廣洋，文人愛喝酒，庸庸碌碌沒主張，不大敢管事，也被淮西集團排擠，得罪被殺。

胡惟庸在中書省最久，權最重，已經使朱元璋覺得大權旁落，很不高興，特別是得罪被譴責的功臣吉安侯陸仲亨、平涼侯費聚都和惟庸密相往來，軍事貴族和朝廷政治首腦結合在一起，與朱元璋的衝突便更加嚴重了。

朱元璋直接統率軍隊和檢校，決心消滅這一心腹之患，洪武十三年（一三八〇年）以擅權枉法的罪狀殺了胡惟庸，趁此機會取消了中書省，由皇帝直接管理國家政事，並立下法度，以後不許再設丞相這一官職。

二十八年（一三九五年）下令：「自古三公論道，六卿分職。自秦始置丞相，不旋踵而亡。漢、唐、宋因之，雖有賢相，然其間所用者多有小人，專權亂政。我朝罷相，設五府、六部、都察院、通政司、大理寺等衙門，分理天下庶務，彼此頡頏，不敢相壓，事皆朝廷總之，所以穩當。以後嗣君並不許立丞相，臣下敢有奏請設立者，文武群臣即時劾奏，處以重刑。」

這裡所說的「朝廷」就是朱元璋自己，和過去的朝廷有本質上的區別。從罷相以後，府、部、院、司分理庶務，目的是把權力分散，「不敢相壓」「事皆朝廷總之」，一切大權都由皇帝個人掌握，「所以穩當」，再也不怕大權旁落了。從中書省綜掌政權變為由皇帝親自管理庶政，封建專制的政權從此更加集中，集中於一人之手，皇帝便成為總攬一切政事的獨裁者了。

殺胡惟庸是為了獨攬政權。洪武二十六年（一三九三年）朱元璋又以有人告大將藍玉謀反，族誅藍玉。藍玉係定遠人，常遇春婦弟，在常遇春麾下領兵，驍勇善戰，多立戰功。洪武二十年（一三八七年）以征虜左副將軍從大將軍馮勝征納哈出，馮勝得罪，即軍中代為大將軍。

二十一年（一三八八年）藍玉率師十五萬打蒙古，一直打到捕魚兒海，北元主脫古思帖木兒以數十騎遁去，大勝而回，封涼國公。常遇春、徐達死後，藍玉繼為大將，總軍征戰，立了大功，就驕傲自滿起來，蓄莊奴假子數千人，乘勢暴橫，在軍中擅自黜陟將校，進止自專，不聽朱元璋命令。又嫌官小，不樂意在傅友德、馮勝之下，所提意見，朱元璋又多不採納，越發怏怏不滿。

藍玉總兵多年，麾下驍將十數人，威望很高。洪武二十六年（一三九三年）朱元璋的特務組織錦衣衛官員首告藍玉謀反，說他和景川侯曹震等公侯打算在朱元璋出去籍田時起事，審訊結果，連坐被族誅的一萬五千多人。這一案把軍中勇武剛強之士差不多殺了個乾淨。

從胡惟庸被殺以後，胡案成為朱元璋進行政治鬥爭的方便武器，凡是心懷怨恨的，行動跋扈的，對皇家統治有危險性的文武官員、大族地主，都陸續被羅織為胡黨罪犯，處死抄家。胡惟庸的罪狀也隨著統治階級內部矛盾的發展而擴大。最初增加的罪狀是私通日本，接著又是私通蒙古，日本和蒙古是當時的兩大敵人，通敵當然是謀反了。後來又發展為串通李善長謀反，把淮西集團的主要力量完全摧毀。

最後是藍玉案，則連淮西集團中的軍事貴族也大部分消滅了。被殺的都以家族為單位，殺一人也就是殺一家。死於胡案的主要人物有御史大夫陳寧、中丞塗節、太師韓國公李善長、延安侯唐勝宗、吉安侯陸仲亨、平涼侯費聚、南雄侯趙庸、滎陽侯鄭遇春、宜春侯黃彬、河南侯陸聚、宣德侯金朝興、靖寧侯葉昇、申國公鄧鎮、濟寧侯顧敬、臨江侯陳鏞、營陽侯楊通、淮安侯華中；大將毛驤、李伯昇、丁玉和宋濂的孫子宋慎等。宋濂也被牽連，貶死四川茂州。

死於藍黨的主要人物有吏部尚書詹徽、戶部侍郎傅友文、開國公常升、景川侯曹震、鶴慶侯張翼、舳艫侯朱壽、東莞伯何榮、普定侯陳桓、宣寧侯曹泰、會寧侯張溫、懷遠侯曹興、西涼侯濮璵、東平侯韓勳、全寧侯孫恪、瀋陽侯察罕、徽先伯桑敬和都督黃輅、湯泉等人。胡案有《昭示奸黨錄》，藍案有《逆臣錄》，朝廷把用刑訊所得的口供和判案詳細記錄公布，讓全國人都知道他們的「罪狀」。

胡惟庸被殺後十年，洪武二十三年（一三六三年），太師韓國公李善長也被牽涉到胡惟庸案裡，朱元璋假託有星變，得殺大臣應災，把李善長和妻女弟侄家口七十餘人一起殺掉，這年李善長已經七十七歲了。一年後有人替他上疏喊冤說：

> 李善長與陛下同心，出萬死以取天下，勳臣第一，生封公，死封王，男尚公主，親戚拜官，人臣之分極矣。藉令欲自圖不軌，尚未可知。而今謂其欲佐胡惟庸者，則大謬不然。人情愛其子，必甚於兄弟之子，安享萬全之富貴者，必不僥倖萬一之富貴。李善長與胡惟庸，猶子之親耳，於陛下則親子女也。使李善長佐胡惟庸成，不過勳臣第一而已矣，太師國公封王而已矣，尚主納妃而已矣，寧復有加於今日？且李善長豈不知天下之不可幸取？當元之季，欲為此者何限，莫

不身為齏粉，覆宗絕祀，能保首領者幾何人哉！

李善長胡乃身見之，而以衰倦之年身蹈之也？凡為此者，必有深仇激變，大不得已，父子之間，或至相挾，以求脫禍。今李善長之子祺，備陛下骨肉親，無纖介嫌，何苦而忽為此？若謂天象告變，大臣當災，殺之以應天象，則尤不可。臣恐天下聞之，謂功如李善長且如此，四方因之解體也。今李善長已死，言之無益，所願陛下作戒將來耳。

問得都有道理，朱元璋看了，無話可駁，只好算了。

二案以外，開國功臣被殺的，洪武八年（一三七五年）德慶侯廖永忠以僭用龍鳳不法等事賜死；十三年（一三八〇年）永嘉侯朱亮祖父子被鞭死；十七年（一三八四年）臨川侯胡美以犯禁死；二十五年（一三九二年）江夏侯周德興以帷薄不修的曖昧罪狀被殺；二十七年（一三九四年）殺定遠侯王弼、永平侯謝成、潁國公傅友德；二十八年（一三九五年）殺宋國公馮勝。

不但列將以次被殺，甚至堅守南昌七十五日，力拒陳友諒立了大功的朱元璋的義子親侄朱文正也以「親近儒生，胸懷怨望」被鞭死。義子親甥李文忠南征北伐，立了大功，也因為左右多儒生，禮賢下士，被毒死。徐達為開國功臣第一，洪武十八年（一三八五年）生背疽，據說這病最忌吃蒸鵝，病重時朱元璋卻特賜蒸鵝，徐達流淚當著使臣的面吃下，不多日就死了。

功臣宿將僥倖得以善終的也有幾個例子：一個是湯和交還兵權，他是朱元璋同村子的人，一塊兒長大的看牛夥伴。徐達、李文忠死後，朱元璋想要解除諸宿將兵權，只是不好意思說出口。湯和懂得老夥伴心事，便首先告老。朱元璋大喜，立刻派官給他在鳳陽修建府第，賞賜禮遇，特別優厚。

另一個例子是曹國公李景隆、武定侯郭英歸還莊田和佃戶，洪武二十三年（一三九〇年）崇山侯李新建議：「公侯家人和儀從戶都有規定數目，超過的應該歸還朝廷。」朱元璋正對這批貴族地主多占田地佃戶極為不滿，聽了很高興。下令把超過規定的人戶都發鳳陽為民，還讓禮部編一部《稽制錄》，嚴禁公侯奢侈逾越。

二十六年（一三九三年）李景隆交還莊田六所，田地山塘池蕩二百餘頃。郭英交還佃戶，依法納稅。這兩人在洪武朝都沒有出事。

空印案和郭桓案

貪污腐敗是封建社會官僚政治的正常現象，念書識字，做八股，參加科舉，僥倖得了一官，便千方百計弄錢，買田地，蓄家奴，官做得越大，弄的錢也就越多。升官發財，是封建社會知識分子的人生哲學。「萬般皆下品，惟有讀書高。」這兩句話是有其深刻的社會根源的。

另一面，官吏貪橫，無止境的剝削，也就不能不迫使饑寒交迫的人民起來反抗，「官逼民反」，從進入封建社會以來，數以百次計的農民起義，官吏的貪污剝削是其原因之一。

為了緩和封建統治階級和廣大人民的矛盾，鞏固統治基礎。朱元璋對地方官貪污害民的，用極嚴厲的手段懲處，進行了長期的殘酷的鬥爭。

對朝廷和地方的官僚奸貪舞弊，嚴重地損害了皇朝的利益，朱元璋集中力量，全面地大規模地加以無情地打擊。洪武十五年（一三八二年）的空印案，十八年（一三八五年）的郭桓案，兩案連坐被殺的達七八萬人，其中主要是各級官員，追贓牽連到各地許多人地主，都弄得傾家蕩產，舊地主階級的力量更進一步被削弱了。

按照規定，每年各布政使司和府、州、縣都得派計吏到戶部，報告地方財政收支帳目，為了核算錢糧、軍需等款項，必須府報布政司，布政司報部，一層層上報，一直到戶部審核數目完全符合，准許報銷，才算手續完備結了案。錢穀數字如有分、毫、升，合對不攏，整個報銷冊便被駁回，重新填造。

布政使司離京師遠的有六七千里，近的也是千里上下，重造冊子還不要緊，問題是重造的冊子必須蓋上原衙門的印信才算合法，因為要蓋這個印，來回的時間就得用上個把月以至好幾個月。為了避免戶部挑剔，減省來回奔走的麻煩，上計吏照習慣都帶有事先預備好的蓋過官印的空白文冊，遇有部駁，隨時填用。

這種方法本來是公開的秘密，誰都認為合情合理，方便省事。不料到了洪武十五年（一三八二年），朱元璋忽然發現了這秘密，大發雷霆，以為一定有嚴重弊病，非嚴辦不可，就下令各地方衙門長官主印的一律處死，佐貳官杖一百充軍邊地。

其實上計吏所帶的空印文冊蓋的是騎縫印，不能用於別的用途，預備了也不一定用得著。全國各地方衙門的人都明白這道理，連戶部官員也是照例默認的，成為上下一致同意的通行辦法。但是案發後，正當胡惟庸黨案鬧得很緊張，朝廷上誰也不敢分辯，有一個老百姓拼著死命上書把事情解釋清楚，也未起作用，朱元璋還是把地方上的長吏一殺而空。當時最有名的好官方克勤（建文朝大臣方孝孺的父親）也死在這案內，上書人也被罰做苦工。

郭桓官戶部侍郎。洪武十八年（一三八五年）有人告發北平二司官吏和郭桓通同舞弊，從戶部左右侍郎以下都處死刑。追贓糧七百萬石，供詞牽連到各布政使司官吏，被殺的又是幾萬人。追贓又牽連到全國各地的許多大地主，中產以上的地主破家的不計其數。朝廷宣布的罪狀是：

戶部官郭桓等收受浙西秋糧，合上倉四百五十萬石。其郭桓等只收（交）六十萬石上倉，鈔八十萬錠入庫，以當時折算，可抵二百萬石，餘有一百九十萬石未曾上倉。其郭桓等受要浙西等府鈔五十萬貫，致使府、州、縣官黃文通等通同刁頑人吏邊源等作弊，各分入己；

其應天等五府、州、縣數十萬沒官田地夏稅秋糧，官吏張欽等通同作弊，並無一粒上倉，與同戶部官郭桓等盡行分受；

其所盜倉糧，以軍衛言之，三年所積賣空。前者榜上若欲盡寫，恐民不信，但略寫七百萬耳。若將其餘倉分並十二布政司通同盜賣見在倉糧，及接受浙西等府鈔五十萬張賣米一百九十萬不上倉，通算諸色課程魚鹽等項，及通同承運庫官范朝宗偷盜金銀，廣惠庫官張裕妄支鈔六百萬張，除盜庫見在金銀寶鈔不算外，其賣在倉稅糧及未上倉該收稅糧及魚鹽諸色等項，共折米算，所廢（吞沒）者二千四百餘萬（石）精糧。

據一些同時人和地主子孫的記錄，三吳一帶、浙東西的故家巨室，不是「多以罪傾其宗」，便是「豪民巨族，劃削殆盡」。這些記載雖然有些誇大，但是反映了一部分舊地主階級分子被消滅的情況，則是無可置疑的。

這樣嚴重的打擊，當然會引起地主階級和官僚的恐慌及不滿，他們當然不敢中說買賣官糧這一嚴重犯法行為是合法的、應該的，只能指斥、攻擊、告發處理這個案件的御史和法官，一時議論沸騰，情勢嚴重。

朱元璋也覺得這個矛盾如繼續發展下去，對自己的統治十分不利，便一面以手詔公布郭桓等人的罪狀，分析是非，一面把原審法官也殺了，作為對地主階級和官僚們的讓步，結束了這件大案。

除了空印案和郭桓案兩次大屠殺以外，還有洪武四年（一三七一年）錄（甄別）天下官吏；十三年（一三八〇年）連坐胡黨；十九年（一三八六年）逮官吏積年為民害者；二十三年（一三九〇年）罪妄言者，四次有計劃的誅殺。

四十年中，據朱元璋的著作：《大誥》《大誥續編》《大誥三編》《大誥武臣》的統計，所列凌遲、梟示、種誅有幾千案，棄市（殺頭）以下有一萬多案。戴死罪和徒流罪辦事是朱元璋新創的辦法，有御史戴死罪，戴著腳鐐坐堂審案的；有打了八十大棍仍回原衙門做官的。戴是判刑的意思。他創立這種辦法的主要原因是把這些官都殺了就沒有人替他辦事了，於是又判刑，又讓回去辦事，封建法紀確立了，各種事務工作也不致於因為缺官而廢弛。

凌遲是最野蠻、最殘酷的刑法。梟示也叫梟令，種誅就是族誅，一人犯罪，就按家按族地殺。此外有刷洗，有秤竿，有抽腸，有剝皮，還有黥刺、剕、劓、閹割、挑膝蓋、錫蛇遊種種名目的非刑。可見，朱元璋野蠻殘暴的程度超過了歷史上任何帝王。這種種酷刑，造成了朝官中的極度恐怖氣氛，人人提心吊膽。

用重刑懲治違法官僚，儘管殺死了幾萬人，效果還是不大。洪武十八年（一三八五年）朱元璋慨嘆說：「朕自即位以來，法古命官，布列華夷。豈期擢用之時，並效忠貞，任用既久，俱係奸貪。朕乃明以憲章，而刑責有不可恕。以至內外官僚，守職維艱，善能終是者寡，身家誅戮者多。」

郭桓案發後，他又說：「其貪婪之徒，聞桓之奸，如水之趨下，半年間弊若蜂起，殺身亡家者人不計其數。出五刑以治之，挑筋、剁指、刖足、髡髮、紋身，罪之甚者歟！」

他沒有也不可能懂得封建專制的寡頭獨裁政治，地主階級專政的殘酷統治，官僚政治和貪污舞弊是分不開的，封建統治是以剝削人民為基礎的，不推翻封建統治、封建制度，單純地用嚴刑重罰，流血手段來根絕貪污，是根本不可能有任何效果的。

誅殺以外，較輕的犯罪官員，罰做苦工。洪武九年（一三七六年），單是官吏犯笞以下罪，謫發到鳳陽屯田的便有一萬多人。

朝官被殺有記載可查的，有中書省左司都事張昶，禮部侍郎朱同、張衡，戶部尚書趙勉，吏部尚書余熂，工部尚書薛祥、秦逵，刑部尚書李質、開濟，戶部尚書茹太素，春官王本，祭酒許存仁，左都御史楊靖，大理寺卿李仕魯，少卿陳汶輝，御史王朴，員外郎張來碩，參議李飲冰，紀善白信蹈等。外官有蘇州知府魏觀、濟寧知府方克勤、番禺知縣道同、訓導葉伯巨、晉王府左相陶凱等。

茹太素性情剛直，愛說老實話，幾次因說話不投機被廷杖、降官，甚至鐐足治事。一天，在便殿賜宴，朱元璋寫詩說：「金杯同汝飲，白刃不相饒。」太素磕了頭，續韻吟道：「丹誠圖報國，不避聖心焦。」朱元璋聽了也很感動。不多時他還是因事被殺。

李仕魯是朱熹學派的學究，勸朱元璋不要太尊崇和尚道士，想學韓文公闢佛，發揚朱學。朱元璋不理會，李仕魯著急，鬧起迂脾氣，當面交還朝笏，要告休回家。朱元璋大怒，當時叫武士把他摜死在階下。

陶凱是御用文人，一時詔令封冊歌頌碑誌多是他寫的，做過禮部尚書，參加制定軍禮和科舉制度。只因為起了一個別號叫「耐久道人」，朱元璋恨他：「自去爵祿之名，怪稱曰耐久道人，是其自賤也。此無福之所催，如是不期年，罪犯不公。」又說他：「忘君爵而美山野……忘君爵而書耐久。」後借題發揮把他殺了。

員外郎張來碩諫止取已許配的少女做宮人，說「於理未當」，被碎肉而死。參議李飲冰被割乳而死。

朱元璋對內外官僚的殘酷誅殺和刑罰，引起了官僚集團的反對，洪武七年（一三七四年）便有人抗議，說是殺得太多了，太過分了，「才能之士，數年來倖存者百無一二」。

九年（一三七六年）葉伯巨以星變上書，論用刑太苛說：

臣觀歷代開國之君，未有不以任德結民心，以任刑失民心者，國祚長短，悉由於此……議者曰宋、元中葉，專事姑息，賞罰無章，以致亡滅。主上痛懲其敝，故制不宥之刑，權神變之法，使人知懼而莫測其端也。臣又以為不然。開基之主，垂範百世，一動一靜，必使子孫有所持守。況刑者，民之司命，可不懼歟！

夫笞、杖、徒、流、死，今之五刑也。用此五刑，既無假貸，一出乎大公至正可也。而用刑之際，多裁自聖衷，遂使治獄之吏，務趨求意旨，深刻者多功，平反者得罪，欲求治獄之平，豈易得哉！近者特旨雜犯死罪，免死充軍；又刪定舊律諸則，減宥有差矣。然未聞有戒飭治獄者務從平恕之條，是以法司猶循故例，雖聞寬宥之名，未見寬宥之實。

所謂實者，誠在主上，不在臣下也。故必有罪疑唯輕之意，而後好生之德洽於民心，此非可以淺淺期也。何以明其然也？古之為士者以登仕為榮，以罷職為辱，今之為士者以溷跡無聞為福，以受玷不錄為幸，以屯田工役為必獲之罪，以鞭笞捶楚為尋常之辱。其始也，朝廷取天下之士，網羅捃摭，務無餘逸，有司敦迫上道，如捕重囚，比到京師，而除官多以貌選，所學或非所用，所用或非其所學。洎乎居官，一有差跌，苟免誅戮，則必在屯田工役之科，率是為常，不少顧惜。此豈陛下所樂為哉！誠欲人之懼而不敢犯也。

竊見數年以來，誅殺亦可謂不少矣，而犯者相踵，良由激勸不明，善惡無別，議賢議能之法既廢，人不自勵而為善者怠也。有人於此，廉如夷、齊，知如良、平，少戾於法，上將錄長棄短而用之乎？將捨其所長苛其所短而置之法乎？苟取其長而捨其短，則中庸之才爭自奮於廉智，倘苛其短而棄其長，則為善之人皆曰某廉若是，某智若是，朝廷不少貸之，吾屬何所容其身乎？致使朝不謀夕，棄其廉恥，或自掊克，以備屯田工役之資者，率皆是也。若是，非用刑之煩者乎？漢嘗徙大族於山陵矣，未聞實之以罪人也，今鳳陽皇陵所在，龍興之地，而率以罪人居之，怨嗟愁苦之聲，充斥園邑，殆非所以恭承宗廟意也。

朱元璋看了氣極，連聲音都發抖了，連聲說「這小子敢如此放肆！快逮來，我要親手射死他！」隔了些日子，中書省官趁朱元璋高興的時候，奏請把葉伯巨下刑部獄，不久死在獄中。

朱元璋晚年最喜歡的青年才子解縉，奉命說老實話，上萬言書，也說：

> 臣聞令數改則民疑，刑太繁則民玩。國初至今將二十載，無幾時不變之法，無一日無過之人。嘗聞陛下震怒，鋤根翦蔓，誅其奸逆

矣，未聞褒一大善，賞延於世，復及其鄉，始終如一者也……陛下進人不擇賢否，授職不量重輕，建「不為君用」之法，所謂取之盡錙銖；置「朋奸倚法」之條，所謂用之如泥沙。監生進士經明行修，而多屈於下僚；孝廉人材冥蹈瞽趨，而或布於朝省。椎埋囂悍之夫，闒茸下愚之輩，朝捐刀鑷，暮擁冠裳；左棄筐篋，右綰組符。是故賢者羞為之等列，庸人悉習其風流，以貪婪苟免為得計，以廉潔受刑為飾辭。出於吏部者無賢否之分，入於刑部者無枉直之判。天下皆謂陛下任喜怒為生殺，而不知皆臣下之乏忠良也……夫罪人不孥，罰弗及嗣，連坐起於秦法，孥戮本子偽書，今之為善者妻子未必蒙榮，有過者里胥必陷其罪，況律以人倫為重，而有給配婦女之條，聽之於不義，則又何取夫節義哉！此風化之所由也。

話說得很露骨，分量很重，但是他把這一切都歸咎於「臣下之乏忠良」，不是皇帝的本意，朱元璋讀了很舒服，連說：「才子！才子！」

在鞭笞、苦工、剝皮、挑筋以至抄家滅族的恐怖氣氛中，凡是做官的，不論大官小官，近官遠官，隨時隨地都會有不測之禍，人人在慌亂緊張、戰戰兢兢地過日子。有人實在受不了，只好辭官，回家做老百姓。可是這樣一來，又刺著朱元璋的痛處了，說這些人不肯幫朝廷做事：「奸貪無福小人，故行誹謗，皆說朝廷官難做。」將此種行為定為大不敬，非殺不可。左也不是，右也不是，真弄得官僚們「知懼而莫測其端」了。

也有個別得罪的官僚、貴族以裝瘋倖免的，一個是御史袁凱。

有一次朱元璋要殺許多人，叫袁凱把案卷送給皇太子複訊，皇太子主張從寬。袁凱回報，朱元璋問他：「我要殺人，皇太子卻要寬減，你看誰對？」

袁凱不好說誰不對，只好回答：「陛下要殺是守法，皇太子要赦免是慈心。」

朱元璋大怒，認為袁凱兩面討好，要滑頭，要不得。袁凱嚇得要死，怕被殺害，便假裝瘋癲。

朱元璋說瘋子是不怕痛的，叫人拿木鑽刺他的皮膚，袁凱咬緊牙齒，忍住不喊痛。回家後，自己用鐵鍊子鎖了脖子，蓬頭垢面，滿嘴瘋話。朱元璋還是不相信，派使者召他做官，袁凱瞪著眼對使者唱月兒高的曲子，爬到籬笆邊吃狗屎，使者回報果然瘋了，朱元璋才不追究。

這一回朱元璋卻受了騙，原來袁凱知道皇帝要派人來偵察，預先叫人用炒麵拌糖稀，捏成段段，散在籬笆下，大口吃了，救了一條命，朱元璋哪裡會知道。

另一個例子是外戚郭德成，郭寧妃的哥哥。一天他陪朱元璋在後苑喝酒，醉了趴在地上去冠磕頭謝恩，露出稀稀的幾根頭髮，朱元璋笑著說：「醉瘋漢，頭髮禿到這樣，可不是酒喝多了？」

郭德成說：「這幾根還嫌多呢，剃光了才痛快。」朱元璋拉長臉，一聲不響。郭德成酒醒後，知道闖了大禍，索性裝瘋，剃光了頭，穿了和尚衣，成天念佛。朱元璋信以為真，告訴寧妃說：「原以為你哥哥說笑話，如今真個如此，真是瘋漢。」不再在意。黨案起後，郭德成居然漏網。

吳人嚴德珉由御史升左僉都御史，因病辭官，犯了朱元璋的忌諱，被黥面充軍南丹（今廣西），遇赦放還，到宣德時還很健朗。

一天因事被御史所逮，跪在堂下，供說也曾在臺勾當公事，頗曉三尺法度來。御史問是何官，回說洪武中臺長嚴德珉便是老夫。御史大驚謝罪。第二天去拜訪，卻早已挑著鋪蓋走了。

有一個教授和他喝酒，見他臉上刺字，頭戴破帽，問老人家犯了什麼罪過，嚴德珉說了詳情，並說先時國法極嚴，做官的多半保不住腦袋，說時還北面拱手，嘴裡連說：「聖恩！聖恩！」

民間流行著一個傳說，說是朱元璋有一天出去私訪，到一破寺，裡邊沒有一個人，牆上畫一布袋和尚，有詩一首：「大千世界浩茫茫，收拾都將一袋藏，畢竟有收還有放，放寬些子又何妨！」墨跡還新鮮。朱元璋立刻派人搜索作畫題詩的人，已經不見了。

這個傳說當然是虛構的，卻真實地反映了洪武朝官僚們對現實政治鬥爭的不滿情緒。

血腥文字獄

一部分舊地主階級的文人對新興皇朝臣屬關係的鬥爭，是統治階級內部矛盾的另一方面。他們的階級立場很堅定，認為造反的窮苦農民怎能做皇帝，對地主進行統治，因而拒絕和新朝合作。

這些文人對由紅軍發跡的朱皇帝，懷有深刻的憎恨。典型的例子如貴溪儒士夏伯啟叔侄，斬斷手指，立誓不做官，被逮捕到京師。朱元璋問他們：「昔世亂居何處？」回答說：「紅寇亂時，避居於福建、江西兩界間。」朱元璋大怒：「朕知伯啟心懷忿怒，將以為朕取天下非其道也。」特謂伯啟曰：「爾伯啟言紅寇亂時，意有他忿。今去指不為朕用，宜梟令籍沒其家，以絕狂愚夫仿效之風。」特派人把他們押回原籍處死。蘇州人姚潤、王謨也拒絕做新朝的官，都被處死刑，全家籍沒。

有的文人怕朱元璋的嚴刑重法，動輒挨打以至殺頭，謝絕新朝的徵召，實在推脫不了，勉強到了南京，還是拒絕做官。例如浙江山陰人楊維楨，號鐵崖，詩名擅一時，號鐵崖體。洪武二年（一三六九年）被徵，婉辭不去。三年（一三七〇年）又被地方官敦促上路，賦《老客婦謠》明志，大意說快死的老太婆不能再嫁人了，皇帝如不見諒，只好跳海自殺。

朱元璋因他名望很大，不好過分勉強。維楨在南京住了幾個月，便請求回家。宋濂贈詩說：「不受君王五色詔，白衣宣至白衣還。」

江陰王逢自號席帽山人，張士誠據吳，其弟士德用逢計勸士誠北降於元以拒西吳。士誠亡，逢隱居烏涇。洪武十五年（一三八二年）以文學被徵，虧得他兒子在朝廷做官，向皇帝磕頭哭求，才放回去。

也有抗拒不了，被迫非做官不可的，如大名秦裕伯避亂居上海，兩次被徵不出，最後朱元璋寫了親筆信說：「海濱民好鬥，裕伯智謀之士而居此地，堅守不起，恐有後悔！」情勢嚴重，秦裕伯只好入朝。

也有另外一些文人曾經做過元朝或東吳的官，堅決不做新朝官吏的。例如回族詩人丁鶴年自以家世仕元，逃避徵召，晚年學佛法，到永樂時才死。長樂陳亮自以為曾是元朝儒生，明初屢徵不出，終身不仕。

山陰張憲學詩於楊維楨，仕東吳為樞密院都事，東吳亡，憲改名換姓，寄食杭州報國寺以死。廬陵張昱仕楊完者鎮浙江時，做過左右司員外郎行樞密院判官，張士誠要他做官，辭謝不肯。朱元璋要他出來，一看太老了，說：「可閒矣。」放回去，自號為「可閒老人」。

他小心怕事，絕口不談時政，有一首詩說明他的處境：

> 洪武初年自日邊，詔許還家老貧賤。池館盡付當時人，惟（唯）存筆硯伴閒身。
>
> 劉伶斗內葡萄酒，西子湖頭楊柳春。見人斲（斫）輪只袖手，聽人談天只箝（鉗）口。

總之，在明初，除了一部分大地主出身的文人，如劉基等人已經參加了新興的統治集團以外，中小地主出身的文人可以分作兩類：一類是倚靠新朝保護，得到了新朝統治的好處，決心和新朝合作，有官便做，甚至想盡辦法鑽營，要升官發財，改換門庭，光宗耀祖的。這類人占極大多數，是朱元璋統治所依靠的主要力量，各級政府官員的主要來源；另一類便是對紅軍抱有深刻仇恨，對新朝當然也抱著抗拒態度，不肯合作的。這一類人人數雖不甚多，但對當時的社會和政治卻有相當影響。

朱元璋對付這些不肯合作的封建文人，採用嚴峻的刑罰，特別制定一條法律：「率土之濱，莫非王臣。寰中士大夫不為君用，是自外其教者，誅其身而沒其家，不為之過。」寰中士大夫不為君用，辦法就是殺。

一部分士大夫不肯為朱元璋所用，朱元璋便用特殊法律、監獄、死刑以至抄家滅族一套武器，強迫他們出來做官。一方面一部分人不肯合作，另一方面新朝又非強迫他們出來合作不可，這樣便展開了統治階級內部另一方面的長期流血鬥爭。

一部分封建文人不滿意朱元璋的統治，朱元璋也痛恨這些人膽敢抗拒，用盡一切方法鎮壓，這種對立形勢越來越顯著。在鬥爭的過程中，朱元璋特別注意文字細節和他自己出身經歷的禁忌，吹毛求疵，造成了洪武時代的文字獄。

所謂禁忌，含義是非常廣泛的。例如朱元璋從小過窮苦的生活，當過和尚。和尚的特徵是光頭，剃掉頭髮，因之，不但「光」「禿」這類字對他是犯忌諱的，就連「僧」這個字也很刺眼，推而廣之，連和「僧」同音的「生」字，也不喜歡了。又如他早年是紅軍的小兵，紅軍在當時元朝政府和地主官僚的口頭上、文字上，是被叫作「紅賊」「紅寇」的，曾經在韓林兒部下打過仗的人，最恨人罵他是「賊」是「寇」，推而廣之，連和「賊」字形音相像的「則」字，他看著也有氣了。

對文字的許多禁忌，是朱元璋自卑心理的一面，相反的一面卻表現為賣弄出身。歷代開國帝王照例要拉扯古代同姓的有名人物做祖先，朱元璋的父親、祖父都是佃農，外祖父是巫師，在封建社會裡都是卑微的人物，沒有什麼可以誇耀的。據說，當他和文臣們商量修玉牒（家譜）的時候，原來打算拉宋朝著名的學者朱熹做祖先的。恰好一個徽州姓朱的典史來朝見，他打算拉本家，就問：「你是朱文公的後人嗎？」

這小官不明底細，怕撒謊闖禍，只好直說不是。他一想，區區的典史小官尚且不肯冒認別人做祖宗，而且幾代以來也從沒聽說和徽州朱家有過瓜葛，萬一硬認上，白給人做子孫倒也罷了，被識破落人笑話，如何使得？只好打消了這念頭，不做名儒的後代，卻向他的同鄉皇帝漢高祖看齊，索性強調自己是沒有根基的，不是靠先人基業起家的。在口頭上、文字上，一開口、一動筆，總要插進「朕本淮右布衣」，或者「江左布衣」，以及「匹夫」「起自田畝」「出身寒微」一類的話，強烈的自卑反而表現為自尊。自尊為同符漢高祖，不斷地數說，賣弄他赤手空拳，沒一寸土地卻打出來天下，把紅軍大起義的功績一股腦兒算在自己頭上。

這兩種不同心理，看來是矛盾的，其實質卻又是一致的。可是，儘管他自己這樣經常賣弄，卻又忌諱別人如此說，一說又以為是挖他的根基了，結果又會引起一場血案。

地方三司官和知府、知縣、衛所官員，逢年過節和皇帝生日以及皇家有喜慶時所上的表箋，照例由學校教官代作，雖然都是陳詞濫調，因為說的都是頌揚話，朱元璋很喜歡閱讀。他原來不是小心眼兒的人，也不會挑剔文字。從渡江以後，大量收用了地主階級的文人，替他辦了不少事。建國以後，朝儀、軍衛、戶籍、學校等制度規程又多出於文人之手，使他越發看重文人，以為治國非用文人不可。

文人得勢了，百戰功高的淮西集團的公侯們不服氣，以為武將流血打的天下，卻讓這班瘟書生來當家，多少次向皇帝訴說，都不理會。公侯們商量了個主意，一天又向朱元璋告文人的狀，朱元璋還是老一套，世亂用武，世治宜文，馬上可以得天下，不能治天下，總之治天下是非用文人不可的。

有人就說：「您說得對。不過文人也不能過於相信，否則是會上當的。一般的文人好挖苦譭謗，拿話諷刺人。例如張九四一輩子寵待文人，好第宅，高薪水，三日一小宴，五日一大宴，把文人捧上天。做了王爺後，要起一個官名，文人替他起名士誠。」

朱元璋說：「好啊，這名字不錯。」

那人說：「不然。上大當了！《孟子》書上有：『士，誠小人也。』這句也可以破讀成：『士誠，小人也。』罵張士誠是小人，他哪裡懂得。給人叫了半輩子小人，到死還不明白，真是可憐。」

朱元璋聽了這番話，查了《孟子》，果然有這句話。從此更加注意臣下所上表箋，只從壞處琢磨，果然許多地方都有「和尚賊盜」，都像是存心罵他的，越疑心就越像，有的成語，轉彎抹角一揣摩，好像也是損他的。

武將和文官爭權鬥爭的發展，使他在和一部分不合作的地主文人對立的基礎上，更增加了對一般文人運用文字動機的懷疑，用他自己的政治尺度、文化水準來讀各種體裁的文字，盛怒之下，下令將寫這些文字的文人一概拿來殺了。

文字獄的著名例子，如浙江府學教授林元亮替海門衛官作《謝增俸表》，中有「作則垂憲」一句話；北平府學訓導趙伯寧為都司作《賀萬壽表》，中有「垂子孫而作則」一語；福州府學訓導林伯璟為按察使撰《賀冬至表》的「儀則天下」；桂林府學訓導蔣質為布按二使作《正旦賀表》的「建中作則」；澧州學正孟清為本府作《賀冬至表》的「聖德作則」，朱元璋把所有的「則」都念成「賊」。

常州府學訓導蔣鎮為本府作《正旦賀表》，內有「睿性生知」，「生」字被讀作「僧」；懷慶府學訓導呂睿為本府作《謝賜馬表》，有「遙瞻帝扉」，「帝扉」被讀成「帝非」；祥符縣學教諭賈翥為本縣作《正旦賀表》的「取法象魏」，「取法」被讀作「去髮」；亳州訓導林雲為本州作《謝東宮賜宴箋》，有「式君父以班爵祿」一語，「式君父」被念成「失君父」，說是咒詛；尉氏縣教諭許元為本府作《萬壽賀表》，有「體乾法坤，藻飾太平」八字，就更嚴重了，「法坤」是「髮髡」，「藻飾太平」是「早失太平」；德安府訓導吳憲為本府作《賀立太孫表》，中有「天下有道，望拜青門」兩句，「有道」說是「有盜」，「青門」當然是和尚廟了。朱元璋下令把作表箋的人一概處死。甚至陳州州學訓導為本州作《賀萬壽表》的「壽域千秋」，念不出花樣來，還是被殺。

象山縣教諭蔣景高以表箋誤被逮赴京師斬於市。杭州府學教授徐一夔《賀表》有「光天之下，天生聖人，為世作則。」朱元璋讀了大怒說：「生者僧也，罵我當過和尚。光是剃髮，說我是禿子。則音近賊，罵我做過賊。」把禮部官嚇得要死，求皇帝降一道表式，使臣民有所遵守。

洪武二十九年（一三九六年）特命翰林院學士劉三吾、左春坊右贊善王俊華撰慶賀謝恩表式，頒布天下諸司，以後凡過慶賀謝恩，如式錄進。照規定表式抄錄，只填官銜姓名，文人的性命才算有了保障。

文字獄的時間從洪武十七年（一三八四年）到二十九年（一三九六年），前後達十三年。唯一倖免的文人是翰林院編修張某，此人在翰林院時說話出了毛病，被貶作山西蒲州學正。照例作慶賀表，朱元璋記得他的名字，看表文裡有「天下有道」「萬壽無疆」兩句話，發怒說：「這老兒還罵我是強盜呢！」差人逮來當面審訊，說：「把你送法司，更有何話可說？」

張某說：「只有一句話，說了再死也不遲。陛下不是說過，表文不許杜撰，都要出自經典，有根有據的話嗎？『天下有道』是孔子說的，『萬壽無疆』出自《詩經》，說臣誹謗，不過如此。」

朱元璋被頂住了，無話可說，想了半天，才說：「這老兒還這般嘴強，放掉罷。」左右侍臣私下議論：「幾年來才見容了這一個人！」

蘇州知府魏觀把知府衙門修在張士誠的宮殿遺址上，犯了忌諱，被人告發。朱元璋查看新房子的《上梁文》有「龍蟠虎踞」四字，大怒，把魏觀腰斬。僉事陳養浩作詩：「城南有嫠婦，夜夜哭征夫。」朱元璋恨他動搖士氣，取到湖廣，投在水裡淹死。

翰林院編修高啟作題宮女圖詩：「小犬隔花空吠影，夜深宮禁有誰來？」朱元璋以為是諷刺他的，記在心裡。高啟退休後住在蘇州，魏觀案發，朱元璋得知《上梁文》又是高啟的手筆，舊恨新罪一併算，把高啟腰斬。

有一個和尚叫來復，為討好皇帝，作了一首謝恩詩，有「金盤蘇合來殊域」和「自慚無德頌陶唐」兩句，朱元璋大為生氣，以為「殊」字分為「歹朱」，明明是罵我；又說「無德頌陶唐」，是說我無德，雖欲以陶唐頌我而不能，又把這亂巴結的和尚斬首。

地方官就本身職務，有所建議，一字之嫌，也會送命。盧熊做兗州知州，上奏本說州印兗字誤類袞字，請求改正。朱元璋極不高興，說：「秀才無理，便道我袞哩！」原來又把袞字當作滾字了。不久，盧熊便以黨案被殺。

朱元璋從個人的禁忌進一步便發展為廣義的禁忌了。洪武三年（一三七〇年）禁止小民取名用天、國、君、臣、聖、神、堯、舜、禹、湯、文、武、周、秦、漢、晉等字。

二十六年（一三九三年）出榜文禁止百姓取名太祖、聖孫、龍孫、黃孫、王孫、太叔、太兄、太弟、太師、太傅、太保、大夫、待詔、博士、太醫、太監、大官、郎中字樣，並禁止民間久已習慣的稱呼，如醫生只許稱醫士、醫人、醫者，不許稱太醫、大夫、郎中，梳頭人只許稱梳篦人或稱整容，不許稱待詔，官員之家火者，只許稱閽者，不許稱太監，違者都處重刑。

其他地主文人被殺的，如處州教授蘇伯衡以表箋論死；太常卿張羽坐事投江死；河南左布政使徐賁下獄死；蘇州經歷孫蕡曾為藍玉題畫，泰安州知州王蒙嘗謁胡惟庸，在胡家看畫，王行曾做過藍玉家館客，都以黨案被殺；郭奎曾參朱文正軍事，朱文正被殺，郭奎也論死；王彝坐魏觀案死；同修《元史》的山東副使張孟兼、博野知縣傅恕、福建僉事謝肅都坐事死；曾在何真幕府的趙介，死在被逮途中；曾在張士誠處做客、打算投奔擴廓帖木兒的戴良，得罪自殺。不死的，如曾修《元史》的張宣，謫徙濠州；楊基罰做苦工；烏斯道謫役定遠；顧德輝父子在張士誠亡後，並徙濠梁，都算是十分僥倖的了。

明初的著名詩人吳中四傑：高啟、楊基、張羽、徐賁，都曾和張士誠來往，楊基、徐賁還做過張士誠的官，四人先後被殺、謫徙，看來不是巧合，而是有意識地打擊。只有臨海陳基是例外，陳基曾參張士誠軍事，明初被召修《元史》，洪武三年（一三七〇年）卒。他在張士誠幕府時，所起草的書檄罵朱元璋的很多，不是死得早，他也是免不了的。

朱元璋用嚴刑重罰，殺了十幾萬人，殺的人主要的是國公、列侯、大將；宰相、部院大臣、諸司官吏、州縣胥役；進士、監生、經生、儒士、文人、學者；僧、道；富人、地主等，總之，都是封建統治階級內部的成員，他心目中的敵人。他用流血手段進行長期的內部清洗工作，貫徹了「以猛治國」的方針，鞏固了朱家皇朝的統治。

另一面，他又堅決反對社會上長期以來的政治上的地域、鄉土之見。他認為做皇帝是做全國的皇帝，不是做某一地方的皇帝，選用的人才也應該是全國性的，淮西集團李善長、胡惟庸死抱住只有淮人才能掌權做大官的階級、小集團偏見，是他和淮西集團內部矛盾焦點之一。正因為他有這樣的看法，洪武三十年（一三九七年）發生了南北榜的案件。

事情是這樣的，這一年的會試，由翰林學士湖南茶陵人劉三吾和紀善白信蹈等主考，榜發，江西泰和人宋琮考了第一，全榜沒有一個北方人，舉人們紛紛議論，不服氣，難道北方人連一個夠格的也沒有，便向皇帝告狀說主考官劉三吾等都是南方人，偏袒南人。

朱元璋大怒，命侍講張信等檢查考卷，北方人還是沒有及格的，朱元璋大不高興。又有人告發張信等受了劉三吾等人的囑託，故意拿不合格的卷子評閱。朱元璋大怒，把白信蹈等殺了，劉三吾這年已經八十五歲了，以其太老為由，免死充軍邊境，會元宋琮也充了軍。朱元璋親自出題目重考，考取了六十一人，全是北方人，當時稱這次會試為南北榜，也叫春夏榜。

其實當時的實際情況是，北方經過長期戰爭破壞，生產水準低於南方，就教育、文化的發展而言，南方是高於北方的。考卷照舊例彌封，考官並不能知道考生是南人還是北人。

劉三吾等只憑考卷文字決定去取，儘管所取全是南人，倒不定存有南北之見。經過北方考生幾次抗議，引起了朱元璋的密切注意，他為了爭取籠絡北方的地主知識分子，重考的結果，一榜及第的全是北人，南人一個也沒有，他是從政治出發的，從大一統國家的前提出發的，而不是單純從考卷的優劣出發的。白信蹈等考官的被殺，宋琮的充軍是冤杜的。

統治階級的內部矛盾，也表現在地域關係上，淮西集團和非淮西集團，南人和北人之間都有極其激烈的鬥爭。前者的矛盾隨著淮西集團的消滅，解決了。但是南方人和北方人的矛盾，卻並未解決。後來國都遷到了北方，皇帝成為北人，朝廷上當權的也是北方人逐漸佔優勢，洪武以後兩百多年間，隨著朝廷上當權的是北方人還是南方人的不同情況，各自庇護本階層本地區的利益，互相排擠，有若干次政治鬥爭，都與南人和北人的階級內部利益矛盾有關。

明代的酷刑

洪武二十八年（一三九五年）正式頒布《皇明祖訓》。這一年，朱元璋已經是六十八歲的衰翁了。

在這一年之前，桀驁不馴的元功宿將殺光了，主意多端的文臣殺絕了，不順眼的地主巨室殺得差不多了，連光會掉書袋子搬弄文字的文人也大殺特殺，殺得無人敢說話，甚至出一口大氣了。

殺，殺，殺！殺了一輩子兩手都塗滿了鮮血的白頭劊子手，躊躇滿志，以為從此可以高枕無憂，皇基永固，子子孫孫吃碗現成飯，不必再操心了。

這年五月，特別下一道手令說：

「朕自起兵至今四十餘年，親理天下庶務，人情善惡真偽，無不涉歷，其中奸頑刁詐之徒，情犯深重，灼然無疑者，特令法外加刑，意在使人知所警懼，不敢輕易犯法。然此特權時措置，頓挫奸頑，非守成之君所用長法。以後嗣君統理天下，止守律與大誥，並不許用黥刺剕劓閹割刑，臣下敢有奏用此刑者，文武群臣即時劾奏，處以重刑。」

其實明初的酷刑，黥刺剕劓閹割還算是平常的，最慘的是凌遲，凡是凌遲處死的罪人，照例要殺三千三百五十七刀，每十刀一歇一吆喝，慢慢地折磨，硬要被殺的人受長時間的痛苦。其次有刷洗，把犯人光身子放在鐵床上，澆開水，用鐵刷刷去皮肉。有梟令，用鐵鉤鉤住脊骨，橫掛在竿上。有稱竿，犯人縛在竿上，另一頭掛石頭對稱。有抽腸，也是掛在竿上，用鐵鉤鉤入谷門把腸子鉤出。有剝皮，貪官污吏的皮放在衙門公座上，讓新官看了發抖。

此外，還有挑膝蓋、錫蛇遊種種名目。也有同一罪犯，加以墨面紋身，挑筋去膝蓋剁指，並具五刑的。

據說在上朝時，老皇帝的脾氣好壞很容易看出來，要是這一天，他的玉帶高高地貼在胸前，大概脾氣好，殺人不會多。要是撳玉帶到肚皮底下，便是暴風雨來了，滿朝廷的官員都嚇得臉無人色，個個發抖，準有大批人應這劫數。這些朝官，照規矩每天得上朝，天不亮起身梳洗穿戴，在出門以前，和妻子訣別，吩咐後事，要是居然活著回家，便大小互相慶賀，算是又多活一天了。

四十年中，據朱元璋自己的著作：《大誥》《大誥續編》《大誥三編》和《大誥武臣》的統計，所列凌遲梟示種誅有幾千案，棄市（殺頭）以下有一萬多案。《三編》所定算是最寬容的了。「進士監生三百六十四人，愈見奸貪，終不從命三犯四犯而至殺身者三人，三犯而誹謗殺身者又三人，奸容戴斬、絞、徒流罪在職者三十人，一犯戴死罪徒流罪辦事者三百二十八人。」

有御史戴死罪，戴著腳鐐，坐堂審案的；有挨了八十棍回衙門做官的。其中最大的案件有胡惟庸案、藍玉案、空印案和郭桓案，前兩案株連被殺的有四萬人，後兩案合計有七八萬人。所殺的人，從開國元勳到列儒裨將，從部院大臣、諸司官吏到州縣胥役、進士監生、經生儒士、富人地主、僧道屠沽，以至親侄兒、親外甥，無人不殺，無人不可殺，一個個地殺，一家家地殺，有罪的殺，無罪的也殺，「大戮官民不分臧否」。

早在洪武七年（一三七四年），便有人向他控訴，說是殺得太多了，「才能之士，數年來倖存者，百無一二」。到洪武九年（一三七六年），單是官吏犯笞以上罪，謫戍到鳳陽屯田的便有一萬多人。

洪武十八年（一三八五年）九月在給蕭安石子孫符上也自己承認：「朕自即位以來，法古命官，列布華夷，豈期擢用之時，並效忠貞，任用既久，具係奸貪？朕乃明以憲章，而刑責有不可恕。以至內外官僚，守職維艱，善能終是者寡，身家誅戮者多。」

郭桓案發後，他又說：「其貪婪之徒，聞桓之奸，如水之趨下。半年間弊若蜂起，殺身亡家者人不計其數。出五刑以治之，挑筋剁指足髡髮紋身，罪之甚者歟？」

政權的維持建立在流血屠殺、酷刑暴行的基礎上，這個時代，這種政治，確確實實是名副其實的恐怖政治。

第四章

東西廠：明代的宦官專權

朱元璋嚴禁宦官干政

歷史的教訓使朱元璋深切地明白宦官和外戚對於政治的禍害。他以為漢朝唐朝的禍亂都是宦官作的孽。這種人在宮廷裡是少不了的，只能作奴隸使喚，灑掃奔走，人數不可過多，也不可用作耳目心腹；作耳目，耳目壞，作心腹，心腹病。對付的辦法，要使之守法，守法自然不會做壞事；不要讓他們有功勞，一有功勞就難於管束了。立下規矩，凡是內臣都不許讀書識字。又鑄鐵牌立在宮門，上面刻著：「內臣不得干預政事，犯者斬。」又規定內臣不許兼外朝的文武官銜，不許穿外朝官員的服裝；作內廷官不能過四品，每月領一石米，穿衣吃飯官家管。並且，外朝各衙門不許和內官監有公文往來。

這幾條規定招招針對著歷史上所曾發生的弊端，使內侍名副其實地做宮廷的僕役。對外戚干政的對策，是不許後妃干政，洪武元年（一三六八年）三月即命儒臣修女誡，纂集古代賢德婦女和后妃的故事，刊刻成書，來教育宮人，要她們學樣。又立下規程，皇后只能管宮中嬪婦的事，宮門之外不得干預。宮人不許和外間通信，犯者處死，以斷絕外朝和內廷的來往以至通信，使之和政治隔離。

外朝臣僚命婦按例於每月初一十五朝見皇后，其他時間，沒有特殊緣由，不許進宮。皇帝不接見外朝命婦，皇族婚姻選配良家子女，有私進女口的不許接受。元璋的母族和妻族都絕後，沒有外家，後代帝王也都遵守祖訓，后妃必選自民家。外戚只是高爵厚祿，做大地主，住大房子，絕對不許預聞政事。在洪武一朝三十多年中，內臣小心守法，宮廷和外朝隔絕，和前代相比，算是家法最嚴的了。

朱棣打破祖制重用宦官，創立東廠

之前提到，錦衣衛和東、西廠，明人合稱為廠衛。錦衣衛是內廷的偵察機關，東、西廠則由宦官提督，最為皇帝所親信，即錦衣衛也在其偵察之下。

錦衣衛初設於明太祖時，是皇帝的私人衛隊。其下有鎮撫司，專治刑獄，可以直接取詔行事，不必經過外廷法司的審判手續。錦衣衛的主要職務是察不軌、妖言、人命、強盜重事，專替皇帝偵察不忠於帝室者和叛逆者，其權力在外廷法司之上。洪武二十年（一三八七年）曾一度取消錦衣衛的典詔獄權。到了成祖由庶子篡逆得位，自知人心不附，並且內外大臣都是建文帝的舊臣，深恐建文帝未死，諸臣或有復辟的企圖，於是重啟錦衣衛的偵察和典詔獄權，使之秘密活動，以為鉗制臣民之計。

另一方面又建立了一個最高偵察機關叫東廠，因為在起兵時很得了建文帝左右宦官的力量，深信宦官的忠心，便以宦官提督東廠，付以「緝訪謀逆、妖言、大奸惡等」的職權。以後雖時革時復，名稱也有時更換（如西廠、外廠、內行廠之類），但其職權及地位則愈重愈高，甚至有任意逮捕官吏平民，和任意刑訊處死的權力。

靖難兵起時，宦官狗兒、鄭和等以軍功得幸。成祖即位後遂加委任，有派作使臣的，如永樂元年（一四〇三年）遣內官李興出使暹羅，馬彬出使爪哇諸國；永樂三年（一四〇五年）遣太監鄭和出使西洋。有派作大將的，如永樂三年（一四〇五年）遣中官山壽率兵出雲州覘敵。

又因各地鎮守大將多為建文帝舊臣，特派宦官出鎮和監軍，使之伺察。永樂元年（一四〇三年）命內臣出鎮及監京營軍，出鎮的如馬靖鎮甘肅，馬騏鎮交趾，監軍的如王安之監都督譚青軍。由是司法權和兵權都逐漸落在宦官手中。

宣德以後，人主多不親政事，不和閣臣見面，甚至深居宮內，從不上朝，國家政務多交司禮監太監批答，內閣的權力也漸漸轉到司禮監去了。在外則各地鎮守太監成為地方的最高監察者，干預政務，騷擾地方，積重難返，形成一種畸形的閹人政治。英宗時的王振、曹吉祥，憲宗時的汪直、梁芳，武宗時的劉瑾，神宗時的陳增、高淮，熹宗時的魏忠賢，思宗時的曹化淳、高起潛，莫不竊弄政柄，禍國殃民，舉凡軍事、外交、內政、財政、司法，一切國家大政都由宦官主持，甚至閣臣之用黜，都以宦官的好惡為定。

他們只圖私人生活的享樂，極力搜括掊斂，榨取民眾的血汗，誘導皇帝窮奢極欲，大興土木禱祠；對外則好大喜功，生釁外族，馴至民窮財盡，叛亂四起。外廷的士大夫與之相抗的都被誅殺放逐，由此朝廷分為兩派，一派附和宦官，希圖富貴，甘為鷹犬。一派則極力攻擊宦官，欲將權力奪回內閣，建設清明的政治。明代除開例外的幾個時期以外（如孝宗及世宗時），閹人和士人兩派勢力互為消長，此仆彼興，循環報復，一直鬧到亡國。

錦衣衛，東、西廠和前面講過的廷杖制原都是為鎮壓反動勢力，排除異己分子，故意造成恐怖空氣，使臣民懾於淫威，不敢反側的臨時設施。果然，這一套祖制，使大小臣民都惴惴苟延，不知命在何日。太祖時朝官得生還田里，便為大幸，皇帝威權由之達於極點。

這三位一體的恐怖制度使專制政體的虐焰高到無可再高，列朝的君主也明知這制度的殘酷不合理，但是第一為著維持個人的威權，第二因為這是祖制，所以因仍不旨廢止。英宗以後的君主多高拱深宮，宦官用事，更利用這制度來樹威擅權，排斥反對黨，雖然經過無數次士大夫的請求廢止和抗議，終歸無效。一直到亡國，才自然消滅，竟和明運相終始。

宦官鄭和被秘密委派下西洋，是否另有內情？

首先說明西洋是指什麼地方。明朝時候把現在的南洋地區統稱為東洋和西洋。西洋指的是現在的印度半島、馬來半島、印尼、婆羅洲等地區；東洋指的菲律賓、日本等地區。在元朝以前已經有了東、西洋之分，為什麼有這樣的分法呢？因為當時在海上航行要靠針路（指南針），針路分東洋指針和西洋指針，因此在地理名詞上就有「東洋」和「西洋」。鄭和下西洋指的是什麼地方呢？主要是指現在的南洋群島。

中國人到南洋去的歷史很早，並不是從鄭和開始的。遠在西元以前，秦朝的政治力量已經達到現在的越南地區。到了漢武帝的時候，現在的南洋群島許多地區已經同漢朝有很多往來。這種往來分兩類：一類是官方的，即政府派遣的商船隊；一類是民間的商人。可是像鄭和這樣由國家派遣的船隊，一次出去幾萬人、幾十條大船（這些船是當時世界上最大的船，也就是當時世界上最大的海軍），不但到了現在南洋群島的主要國家，而且一直到了非洲。其規模之大，人數之多，範圍之廣，那是歷史上前所未有的，就是明朝以後也沒有。

這樣大規模的航海，在當時世界歷史上也沒有過。鄭和下西洋比哥倫布發現新大陸早八十七年，比迪亞士發現好望角早八十三年，比達·伽馬發現新航路早九十三年，比麥哲倫到達菲律賓早一百一十六年。比世界上所有著名的航海家的航海活動都早。可以說鄭和是歷史上最早的、最偉大的、最有成績的航海家。

問題是為什麼在十五世紀的前期，中國能派出這樣大規模的航海艦隊，而不是別的時候？

這個問題歷史記載上有一種說法，說鄭和下西洋僅僅是為了尋找建文帝的下落。這種說法是不正確的。

明成祖從北京打到南京，奪取了他的侄子建文帝的帝位。建文帝是明太祖的孫子，他做了皇帝以後，聽信了齊泰、黃子澄等人的意見，要把他的一些叔叔——明太祖封的親王的力量消滅掉，以加強中央集權。他解除了一些親王的軍事權力，有的被關起來，有的被廢為庶人。於是燕王便起兵反抗，打了幾年，最後打到南京。

歷史記載說燕王軍隊打到南京後，「宮中火起，帝不知所終」。「帝不知所終」這句話是經過了認真研究的，因為當時宮裡起了火，把宮裡的人都燒死了，燒死的屍首分不清到底是誰，於是就發生了一個建文帝到底死了沒有的疑案。假如沒有死，他跑出去了的話，那麼，他就有可能重新組織軍隊來推翻明成祖的統治。

從當時全國的形勢來看，是存在這個問題的，因為建文帝是繼承他祖父明太祖的，全國各個地方都服從他的指揮。明成祖雖然在軍事上取得了勝利，但是並沒有把建文帝的整個軍事力量摧毀，他的軍事力量只是在今天從北京到南京的鐵路沿線上，其他地方還是建文帝原來的勢力範圍。因此明成祖就得考慮建文帝到底還在不在？如果是逃出去了，又逃到了什麼地方？他得想辦法把建文帝逮住。

於是他派了禮部尚書（相當於現在的內務部長）胡濙，名義上是到全國各地去找神仙（當時傳說有一個神仙叫張三豐），實際上是去尋找建文帝。前後找了二三十年。《明史．胡濙傳》說胡濙每次找了回來都向明成祖報告。最後一次向皇帝報告時，成祖正在軍中，胡濙講的什麼，別人都聽不到，只見他講了以後，明成祖很高興。歷史學家們認為，最後這一次報告，可能是說建文帝已經死了。

另外，明成祖又怕建文帝不在國內，跑到國外去了。所以他在派鄭和下西洋的時候，要鄭和在國外也留心這件事。這是可能的，但這不是鄭和下西洋的主要目的，鄭和下西洋主要是由於經濟上的原因。

這裡插一個問題，講講明成祖和建文帝之間的鬥爭說明什麼問題。明成祖以後的各代對建文帝的下落一事也非常重視。萬曆皇帝就曾經同他的老師談起這個問題，問建文帝到底到哪裡去了，為什麼經過一百多年還搞不清楚。當時出現了很多有關建文帝的書，這些書講建文帝是怎麼逃出南京的，經過些什麼地方，逃到了什麼地方。有的書說他到了雲南，當了和尚，跟他一起逃走的那些人也都當了和尚。諸如此類的傳說越來越多。

此外，記載建文帝事蹟的書也越來越多。這說明什麼問題呢？說明一個政治問題。建文帝在位期間，改變了他祖父明太祖的一些做法。他認為明太祖所定下來的一些制度，現在經過了幾十年，應該改變。當時建文帝周圍的一些人都是些儒生，缺乏實際鬥爭經驗，他們自己出的一些辦法也並不高明。儘管如此，建文帝的這種舉動還是得到了不少人的支持。但是明成祖起兵反對他。在明成祖看來，明太祖所規定的一切制度都是盡善盡美的。他不容許建文帝改變祖先的東西。因此，明成祖和建文帝之間的鬥爭就是保持還是改變明太祖所定的舊制度的鬥爭。

在這個鬥爭中建文帝失敗了。明成祖做了皇帝以後，把建文帝改變了的一些東西又全部恢復過來。一直到明朝滅亡，二百多年都沒有變動。

在這種情況下，有不少的知識分子對明成祖的政治感到不滿，不滿意他的統治。他們通過什麼方式來表達這種不滿呢？公開反對不行，於是通過對建文帝的懷念來表達。他們肯定建文帝，讚揚建文帝。實際上就是反對明成祖。因此，關於建文帝的傳說就越來越多了。現在我們到四川、雲南這些地方旅行，到處可以發現所謂建文帝的遺址。這裡有一個廟說是建文帝住過的；那裡有一個寺院，裡頭有幾棵樹，說是建文帝栽的。有沒有這樣的事情呢？沒有。

明末清初有個文人叫錢謙益（這個人政治上很糟糕）寫了文章專門研究這個問題。當時許多書上都說：當南京被燕兵包圍時，城門打不開，建文帝便剃了頭髮，跟著幾個隨從的人從下水道的水門跑出去了。

錢謙益說這靠不住，南京下水道的水門根本不能通出城去。他當時做南京禮部尚書，宮殿裡的情況是很熟悉的。此外，還有很多不合事實的傳說，他都逐條駁斥了。最後他做了這樣的解釋：假如建文帝真的跑出去了，當時明成祖所統治的地區只是從北京到南京的交通線附近，只要建文帝一號召，全國各地都會響應他，他還可以繼續進行鬥爭。但結果沒有這樣。這就可以得出一個結論：建文帝是死在宮裡了。但當時不能肯定，萬一他跑了怎麼辦？所以就派人去找。我認為這樣解釋比較說得通。

現在我們繼續講鄭和下西洋的問題。如果說鄭和下西洋的主要目的是為了找建文帝，那是不合事實的；但也不能說完全沒有這方面的動機。因為當時的懷疑不能解決，通過他出去訪問，讓他注意這個問題是可能的。那麼，鄭和下西洋的主要目的到底是什麼呢？這就是上次所說的，是國內經濟發展的必然結果。

經過一三四八年到一三六八年二十年的戰爭，經濟上受到了很大的破壞。但是經過洪武時期採取的恢復生產、發展生產的措施以後，人口增加了，耕地面積擴大了，糧食、棉花、油料的產量都提高了，人民的生活有了改善，政府的財政稅收比以前多了。隨之而來，對國外物資的需要也增加了。

這種對國外物資需要的增加主要在兩個方面：一方面是人們日常生活所需要的物資，主要是香料、染料。香料主要是用在飲食方面作調料，就是把菜做得更好一些，或者使某種菜能收藏得更久。像胡椒就是人們所需要的東西。胡椒從哪裡來呢？是從印度來的，一直到現在還是如此。還有其他許多香料也大多是從南洋各島來的。在南洋有個香料島，專門出產香料。

另一種是染料，為什麼對染料的需要這樣迫切呢？明朝以前，我們的祖先常用的染料都是草木染料，譬如藍色是草藍；或者是礦物染料。這樣的染料一方面價錢貴，另一方面又容易褪色。進口染料就可以解決這些問題。

朝鮮族喜歡穿白衣服，我們國內有些人也喜歡穿白衣服，為什麼？原因很簡單，因為買不起染料。封建社會裡，皇帝穿黃衣服，最高級的官穿紅衣服，再下一級的官穿紫衣服，穿藍衣服，最下等的穿綠衣服。為什麼用衣服的顏色來區別呢？也很簡單，染料貴。老百姓買不起染料，只好穿白衣服。所以古人說「白衣」「白丁」，指的是平民。

這些封建禮節都是由物質基礎決定的。因此就有向國外去尋找染料的要求。這一類，是人們的日常生活所需要的。另外一類是毫無意義的消費品，主要是珠寶。這是專門供貴族社會，特別是宮廷裡享受的。有一種寶石叫「貓兒眼」，還有一種叫「祖母綠」，過去誰也不知道是什麼樣子，只知道是寶石。最近我們在萬曆皇帝的定陵裡發現了這兩種東西。這些東西都是從外國買來的。

除了珠寶以外，還有一些珍禽異獸。當時的人把一種獸叫做麒麟，實際上就是動物園裡的長頸鹿。與對外物資需要增加的同時，由於國內經濟的發展，一些可供出口的物資，如綢緞、瓷器（主要是江西瓷，其他地區也有一些）、鐵器（主要是生產工具）的產量也增加了。

除了經濟上的條件以外，還有一個很重要的條件，就是當時中國對外的航海通商已有悠久的歷史。從秦朝開始，經過唐朝、南宋到元朝，在這個漫長的時期內，政府的商船隊、私人的商船隊不斷出去。有些私人商船隊發了財。到了明朝，由於長期的積累，已經具備了豐富的航海知識和有經驗的航海人員。有了這些條件，就出現了從明成祖永樂三年（一四〇五年）到他的孫子明宣宗宣德五年（一四三三年）近三十年之間以鄭和為首的七次下西洋的事蹟。

鄭和出去坐的船叫作「寶船」，政府專門設立了製造寶船的機構。這種船有多大呢？大船長四十丈，寬十八丈；中船長三十七丈，寬十五丈。當時在全世界再沒有比這更大的船了。一條船可以載多少人呢？根據第一次派出的人數來計算，平均每條船可以坐四百五十人。每次出去多少人呢？有人數最多的軍隊，此外還有水手、翻譯、會計、修船工人、醫生等，平均每次出去二萬七八千人。這樣的規模是了不起的，後來的哥倫布、麥哲倫航海每次不過三四隻船，百把人，是不能和這相比的。

誰來帶領這麼多人的航海隊呢？明朝政府選擇了鄭和。因為鄭和很勇敢，很有能力。同時，當時南洋的許多國家都是信仰回教的，而鄭和也是個回教徒（但他同時也信仰佛教），他的祖父和父親都曾經朝拜過麥加。回教徒一生最大的願望就是到麥加去磕一個頭，凡是去過麥加的人就稱為哈只。選派這樣的回教徒到信仰回教的地方去就可以減少隔閡，好辦事。

在鄭和帶去的翻譯裡面也有一些人是回教徒，這些人後來寫了一些書，把當時訪問的一些國家的情況記載下來了。這些書有的流傳到現在。

有人問：鄭和是雲南人，他怎麼成了明成祖部下的大官呢？這很簡單，洪武十四年（一三八一年）的時候，明太祖派兵打雲南，把元朝在雲南的殘餘勢力打敗了，取得了雲南。在戰爭中俘虜了一些人，鄭和就是在這次戰爭中被俘虜的。他當時還是一個小孩，後來讓他作太監，分給了明成祖。他跟明成祖出去打仗時，表現很勇敢，取得了明成祖的信任。因此明成祖讓他擔負了到南洋各國去訪問的任務。

他們第一次出去坐了六十二艘大船，帶了很多軍隊。這裡發生了這樣的問題：他們既然是到外國去通商，去訪問，為什麼要帶這麼多軍隊？這是因為當時從中國去南洋群島的航線上有海盜，這些海盜不但搶劫中國商船，而且別的國家到我們這裡來做買賣的商船也搶。鄭和用強大的軍事力量把海盜消滅了，這樣就保證了航路的暢通。

另外，為了防止外國來侵犯他們，也需要帶足夠的軍事力量。鄭和到錫蘭的時候，錫蘭國王看到中國商船隊的物資很多，就搶劫這些物資。結果鄭和把他打敗了，並把他俘虜到北京。後來明朝政府又把他放回去，告訴他，只要你今後不再當強盜就行了。可見為了航行的安全，鄭和帶軍隊去是必要的。

鄭和率領的軍事力量雖然很強大，用現在的話來說，他帶去了好幾個師的軍隊，而當時南洋沒有一個地區有這樣強大的軍事力量。但是鄭和的軍隊只是用於防衛的。他所進行的是和平通商。儘管當時有這樣的力量，這樣的可能，但是沒有佔領別人的一寸土地。

後來，比鄭和晚一百年的西方人到東方來就不同了。他們一手拿商品，一手拿寶劍，把所到的地方都變成他們的殖民地。如葡萄牙人到了南洋以後就佔領了南洋的一些島嶼。當然，在我們的歷史上個別的時候也有佔領別人的土地的事情。但總的來說，我們國家不是好侵略的國家，我們國家沒有佔領別國的領土，這和西方資本主義國家有本質的不同。

根據當時保留下來的記載，可以看出鄭和和南洋各國所進行的貿易是平等的，而不是強加於人的。交易雙方公平議價，有些書上記載得很具體，說雙方把手伸到袖子裡摸手指頭議價。現在我們國內有些地方還用這種辦法。鄭和所到的地區都有中國的僑民，有開礦的，有做工的，有做買賣的，各方面的人都有。有的地方甚至是以華僑為中心，華僑在經濟上占主導地位。因此鄭和每到一個地方都受到歡迎。

鄭和每到一個國家，除了把自己帶去的大量商品賣給他們外，也從這些國家帶一些商品到中國來。從第一次出去以後，他就選擇了南洋群島的一個島嶼作為根據地，貯積很多貨物，以此地為中心，分派商船到各地貿易，等各分遣船隊都回到此地後，再一同回國。在前後不到三十年的時間，印度洋沿岸地區他都走到了，最遠到達了紅海口的亞丁和非洲的木骨都束。木骨都束就是今索馬里的首都，現在叫做摩加迪休。

通過鄭和七次下西洋，中國和南洋的航路暢通了，對外貿易大大地發展了，出國的華僑也就更多了。通過這幾十年的對外接觸，中國跟南洋這些地區的關係越來越深，來往也越來越多。出於華僑的活動，以及中國的先進的生產工具傳入這些國家，這樣，南洋地區的生產也越來越進步。所以，鄭和下西洋的歷史事實說明，我們這個國家有這樣一個很好的傳統：就是不去侵略人家。正因為這樣，直到現在，儘管時間過去了五六百年，但是鄭和到過的國家，很多地方都有紀念他的歷史遺址。因為鄭和叫三寶太監，所以很多地方都用三寶來命名。

像鄭和下西洋這樣的事，以往歷史上是沒有的，明朝以後也沒有，這是明朝歷史上一件很突出的事情。

現在要問：鄭和第七次下西洋以後，為什麼不去第八次呢？這裡有客觀的原因，也有主觀的原因。客觀原因是八十多年以後，歐洲人到東方來進行殖民活動，阻礙了中國和南洋諸國的往來。主觀的原因有這幾方面：

第一，政治上的原因。明成祖死了以後，他的兒子做皇帝。這個短命皇帝很快又死了，再傳給下一代，這就是宣宗。宣宗做皇帝時還是個八九歲的小孩，不懂事，於是宮廷裡便由他的祖母當權；政府則由三楊（楊士奇、楊榮、楊溥）掌握。

三楊在朝廷裡當了二三十年的機要秘書。三個老頭加上一個老太太掌握國家大權。這些人和明成祖不一樣。明成祖有遠大的眼光。他們卻認為他多事，你派這麼多人出去幹什麼？家裡又不是沒吃的、沒喝的。不過明成祖在世時他們不敢反對，明成祖一死，他們當了家，就不准派人出去了。

第二，組織這樣的商隊需要一個能代替鄭和的人，因為鄭和這時已經六十多歲，不能再出去了。

第三，經濟上的原因。從外國進口的物資都是消費物資，不能進行再生產。無論是香料還是染料，都是消費品，珠寶就更不用說了，更是毫無意義的東西。以我們的有用的絲綢、鐵器、瓷器來換取珠寶，這樣做划不來。雖然能解決沿海一些人的生活問題，但是好處不大，國家開支太多。所以，為了節約國家的財政開支，後來就不派遣商隊出國了。

正當明朝停止派船出國的時候，歐洲人佔領了南洋的香料島，葡萄牙人佔領了我們的澳門。他們是用欺騙手段佔領澳門的。開頭他們向明朝的地方官說：他們的商船經常到這個地方來，遇到風浪把貨物打濕了，要租個地方曬曬貨物，最初還給租錢，後來就不給了，慢慢地侵佔了這個地方。

從歐洲人到東方來佔領殖民地以後，中國的形勢就改變了。經過清朝幾百年，特別是鴉片戰爭以後，許多帝國主義國家從幾個方面包圍中國：印度被英國佔領了；緬甸被英國佔領了；越南被法國佔領了；菲律賓先被西班牙佔領，後又被美國佔領了；東方的日本走上了資本主義道路，向外進行侵略擴張活動。所以近百年的中國，四面被資本主義國家和帝國主義國家所包圍，再加上清朝政府的日益腐敗，就使中國逐步變成了半殖民地半封建的國家，進入了半封建半殖民地的社會。

庶民如何進入仕宦階級？

明太祖既統一了全國，用殘殺的恐怖手段，用新的行政機構來集中政權，提高皇帝的威嚴。洪武十三年（一三八〇年）以後，他個人綜攬國家庶務，朝廷大臣都成了備位的閒員。歷史上記著他在八天內所處理批閱的諸司奏札高達一千六百六十件，計三千三百九十一事。平均每天有二百多件，四百多事，真可算是「衡石量書」「傳餐而食」，和秦始皇、隋文帝鼎足而三了。

他拼著命幹，不肯放鬆一點兒，專憑殘殺來救濟個人精力所不及。但隔了一兩代，嬌生慣養的年輕皇帝受不了這苦工，政權便慢慢轉移到皇帝的私人秘書——閣臣——手上。英宗以後，諸帝多沖年即位，政權又慢慢地從外廷秘書的閣臣，轉移到內廷秘書的司禮監手上。閣臣和司禮監——外廷和內廷的政權互為消長，也間或有同流合污的時候，皇帝只是一個傀儡。皇族除了拿祿米，多養孩子，在封地漁虐平民，作威作福以外，絕對不能做一點事兒。中央的政權被宦官，地方的政權被仕宦階級所把持。他們和他們的宗族戚黨同時是大地主，也是大商人，因此這一階級所代表的也只是這兩種人的利益。

皇族指皇家子弟，數量很多，從明太祖起繁衍到明末，這一家系有十幾萬人。外戚包括帝婿，所謂駙馬和皇族的女婿，最主要的是后妃的家族。這兩類人都因血統的結合而取得地位和特權，在政治上不起作用。宦官的產生最簡便，經過生理上的改變便可取得資格，在政治上取得大權的唯一途徑為博得皇帝歡心，方法不外乎「便嬖柔佞，妾婦之道」。

這三類人都純粹是社會的寄生蟲。皇族在明代前期不許參加考試，也不許為政府服務，到末年才開放這兩條禁例。外戚和宦官則以其特殊地位，其子弟、宗族、親戚、門客往往因之而獲得科名和官職，間接地產生新官僚地主，影響政治的清明。

至於庶民進入仕宦階級的途徑，主要有兩條大路：一是科舉，二是學校。參加科舉和進學校的敲門磚只有一塊——八股文。明制參加科舉的必須是州府縣學的生員和國子監的監生，學校成為科舉制度的附庸。因此這兩條路其實是一條路。

科舉制度分三段，生員考試（入學考試）初由地方官吏主持，後特設提督學政官以領之。士子未入學者通謂之童生，入學者謂之諸生（有廪膳生、增廣生、附學生之別）。三年大比，以諸生試之直省曰鄉試，中試者為舉人。次年以舉人試之京師曰會試，中試者再經皇帝親自考試曰殿試。

殿試放榜分三甲，一甲只三人，曰狀元、榜眼、探花，賜進士及第；二甲若干人，賜進士出身；三甲若干人，賜同進士出身。狀元授翰林院修撰，榜眼、探花授翰林院編修，二、三甲考選庶起士者皆為翰林官。其他或授給事、御史、主事、中書、行人、評事、太常、國子博士，或授府推官、知州、知縣等官。舉人、貢生不及第入國子監而選者，或授小京職及州縣正官，或州縣學教授。明制入內閣辦事者必為翰林，而入翰林者又必為進士。

宣德（一四二六年—一四三五年）以前政府用人尚參用他途（如稅戶人才、吏員、徵辟等），以後則專用科舉。科舉和銓選合二為一，一旦及第，便登仕途，由此全國讀書人都以科舉為唯一出路，科舉之外無出路，科舉之外無人才。

王鏊曾暢論這一制度的弊端：

> 古者用人，其途非一，耕釣漁鹽版築飯牛皆起為輔弼，而芻牧賈豎，奴僕降虜，亦皆得為世用。我太祖、太宗之世，亦時時意外用人，若郁新、嚴震直之流，皆以人才至尚書。取之非一途，故才之大小，紛紛皆得效用於時。降及後世，一唯科目是尚。
>
> 夫科目誠可尚也，豈科目之外，更無一人乎？有人焉不獨不為人知，即舉世知之而不見用，非不欲用，不敢用也。一或用焉，則群起而咻諸，亦且自退縮，前後相戒，謹守資格……是故下多遺賢，朝多曠事，仕法之過，端至是哉！

舉全國聰明才智之士的精力集中於科舉，科舉名額有限，考試規定便日趨嚴酷，搜檢防閒，如對盜賊，祈寒盛暑，苦不可言。艾南英曾描寫明代科舉的苦況說：

試之日，衙鼓三號，雖冰霜凍結，諸生露立門外。督學衣緋坐堂上，燈燭輝煌，圍爐輕暖自如。諸生解衣露足，左手執筆硯，右手執布襪，聽郡縣有司唱名，以次立甬道，至督學前。每諸生一名，搜檢軍二名，上窮髮際，下至膝踵，裸腹赤踝，為漏數箭而後畢，雖壯者無不齒震悚慄，腰以下大都寒沍僵裂，不知為體膚所在。遇天暑酷烈，督學輕綺蔭涼，飲茗揮箑自如。諸生什佰為群，擁立塵坌中，法既不敢揮扇，又衣大布厚衣，比至就席，數百人夾坐，蒸熏腥雜，汗流浹背，勺漿不入口，雖有供茶吏，然率不敢飲，飲必朱鈐其牘，疑以為弊，文雖工，降一等，蓋受困於寒暑者如此。

既試，東西立瞭望軍四名，諸生無敢仰視四顧，麗立伸欠、倚語側席者，則又朱鈐其牘，以越規論，文雖工，降一等，用是腰脊拘困，雖溲溺不得自由，蓋所以縶其手足便利者又如此。所置坐席取給工吏，吏大半侵漁所費，倉卒取辦臨時，規制狹迫，不能舒左右肱，又薄脆疏縫，據坐稍重，即恐折仆。而同號諸生嘗十餘人，率十餘坐，以竹聯之。手足稍動，則諸坐皆動，竟日無寧時，字為跛踦。

中葉以後，士風日替，懷挾搶替，成為習慣。徐學謨說：

會闈自庚戌（嘉靖二十九年，一五五〇年）後，舉子多懷挾博進取，有掇大魁者，始猶諱之。至丙辰（嘉靖三十五年，一五五六年）以來，則明言而公行之矣。此仕進之一大蠹也。

奔競囑託，毫無忌憚。陳洪緒記：

近時奔競最甚，無如銓選、考試兩端。督學試士，已不免竿牘紛遝。若郡邑之試，請囑公然，更不復略為諱，至有形之章奏，令童子納金餉，無使縉紳專利者。

到末年則士子多以關節得第，商人、地主的子弟以金錢換科名。科場之事，明季即有以關節進者。每科五六月間，分房就聘之期，則先為道地，或伏謁，或為之行金購於諸上臺，使得棘闈之聘，後分房驗取如握券而得也。每榜發不下數十人。

在這制度之下所造成的新官僚，以利進自然以利終，讀書受苦是為得科名，辛苦得科名是為發財做官，做官的目的是發財，由讀書到發財成為他們的人生哲學。

黃省曾曾說當時的士人以士為賈：

吳人好遊托權要之家……家無擔石者入仕二三年即成巨富。由是莫不以士為賈，而求入學庠者，肯捐百金圖之，以大利在後也。

謝肇淛更指出該制度和吏治的關係，和社會風氣的關係，和家庭教育的關係：

今之人教子讀書，不過取科第耳，其於立身行己不問也。故子弟往往有登肮仕而貪虐恣睢者。彼其心以為幼之受苦，政為今日耳。志得意滿，不快其欲不止也。

劉宗周所論士習之壞影響於政治及社會，尤為明切。他說：

自科舉之學興而士習日壞，明經取金紫，讀易規利祿，自古而然矣。父兄之教，子弟之學，非是不出焉。士童而習之，幾與性成，未能操觚，先熟鑽刺，一入學校，闖行公庭。等而上之，勢分雖殊，行徑一轍，以囑託為通津，以官府為奴隸，傷風敗俗，寡廉鮮恥，即鄉里且為厲焉，何論出門而往，尚望其居官盡節，臨難忘身，一效之君父乎？此蓋已非一朝一夕之故矣。

由此可知這個時代的吏治貪污，寡廉鮮恥，是有其歷史背景的。進學校得科名的唯一手段是作制義——八股文，此外的學問都非必要，不妨束之高閣。因此在這制度下所造成的學風空疏淺薄，除八股外，於歷史、政治、經濟各方面一無所知，哲學、科學更是一竅不通。

這弊病，明初學者宋濂即曾痛快地指出。他說：

治古之時，非惟道德純一而政教修明，至於文學之彥，亦精贍弘博，足以為經濟之用。蓋自童草之始，十四經之文，畫以歲月，期於默記，又推之於遷、固、范曄之書，豈直覽之，其默記亦如經，基本既出，而後偏觀歷代之史，察其得失，稽其異同，會其綱紀，知識益且至矣，而又參於秦漢以來之子書，古今譔定之集錄，探幽索微，使無遁情。於是道德性命之奧，以至天文、地理、禮樂、兵刑、封建、郊祀、職官、選舉、學校、財用、貢賦、戶口、徵役之屬，無所不詣其極。

或廟堂之上有所建議，必旁引曲證以白其疑，不翅指諸掌之易也。自貢舉法行，學者知以摘經擬題為志，其所最切者，惟四子一經之箋，是鑽是窺，餘則漫不加省，與之交談，兩目瞪然視，舌木強不能對。嗚呼！一物不知，儒者之恥，孰謂如是之學，其能有以濟世哉！

中葉時，唐順之也說：

經義策試之陋，稍有志者莫不深病之矣……至於以舉業為教，則稍有志者亦知深病其陋矣。

謝肇淛亦大加攻擊：

我國家始以制義為不刊之典，士童而習之，白而紛如。文字之變，日異月更，不可窮詰，即登上第取華膴者，其間醇疵相半，瑕瑜不掩，十年之外，便成芻狗，不足以訓今，不可以傳後，不足以裨身心，不足以經世務，不知國家何故以是為進賢之具也。

末年，周順昌至坦白自悔不多讀書，為一不識時務進士：

漫以書生當局，其籌邊治河大政無論，問以簿書錢穀之數天下幾何，茫然不能對，始知書不可不多讀。平日止為八股徒，做一不識時務進士，良可嘆也。

清吳翌鳳記一明巨公故事，雖未免刻薄，卻是史實：

故明一巨公致政家居，偶過友人書塾，詢其子弟所讀何書，曰《史記》。問何人所作，曰司馬遷。又問渠是何科進士，曰漢太史令，非進士也。巨公取其書略觀之，即掩卷曰亦不見得。

在這制度下的這個時代，學術思想的貧乏是必然的，也是應該被原諒的，因為他們根本不許有思想。政治家、財政家寥寥可數，也是有其社會背景的，有其特別原因的，因為那個時代根本沒有培養這類人才的專門教育機構。學校原來是育人才之所，明制鄉里有社學，府州縣有府學、州學、縣學，衛所有衛學，南北兩京則有國子監。《明史》說：

蓋無地而不設之學，無人而不納之教，庠聲序音，重規疊矩，無間於下邑荒徼，山陬海涯，此明代學校之盛，唐宋以來所不及也。

表面看上似乎真是極一代之盛，「唐宋以來所不及」。然而事實恰好相反，我們先看社學的情形，明太祖曾嚴斥官吏以社學擾民：

社學一設，官吏以為營生，有願讀書者，無錢不許入學。有三丁四丁不願讀書者，受財賣放，縱其愚頑，不令讀書。有父子二人，或農，或商，本無讀書之暇，卻乃逼令入學。有錢者又縱之，無錢者雖不暇讀書亦不肯放，將此湊生員之數，欺誑朝廷。

此後便無聲無息，名實俱亡了。

至於府州縣學，以明制諸生入仕必由科舉，學校失去獨立培養人才的地位，在開國後即已不為社會所重視。宋濂曾說：

近代以來，急於簿書期會，而視教民為悠緩，司學計者以歲月序遷，豪右海商，行賄覓薦，往往來倚講席，雖有一二君子獲廁其中，孤薰而群蕕，一鼓吻，一投足，輒與之枘鑿。唯彼飲食是務，號稱子游氏之賤儒者，日月與居，是故稍勵廉隅者不願入學，而學行彰彰有聞者，未必盡出於弟子員。

中葉以後，學校則竟如廢寺，無復生徒肄業。陸容記：

作興學校，本是善政，但今之所謂作興，不過報選生員，起造屋宇之類而已。此皆末務，非知要者……況今學舍屢修，而生徒無復在學肄業，入其庭不見其人，如廢寺然，深可嘆息。

兩京國子監也日漸廢弛，學生品質不齊，人才日下，郭明龍任國子監祭酒，《條陳雍政疏》說：

臣初試士，舉人僅五七人，其文理優長，考在前列者書選貢耳。向非選貢一途，大學幾無文字矣。臣竊嘆天下府州縣學之士，盡皆

> 屬文，而太學之士，乃半居寫仿。又府州縣學之士，不無以文理被黜而來，與夫商賈之挾重糈者，遊士之獵原藏者，皆得入焉。是古之太學，諸侯進其選士最優最上者貢之天子；而今之太學，郡邑以其被訪被黜、無文無行者納之辟雍，良可嘆也。

郭去，劉幼安代之，朱國楨為司業。劉每嘆曰：「成甚國學，朝廷設此騙局騙人幾兩銀子，我為長，兄為副，亦可羞也。」這是明代的國立中央大學校長告訴他的教務長的話。

在這一套教育組織下，自然談不到培養人才。而且，國子監從景泰元年（一四五〇年）開納粟之例以後，豪紳、地主、商人的子弟都可因納粟納馬而入監，稱為例監。末年地方學也因軍費的需要逼切，可以用錢買取，有遼生、餉生、贊生種種名目。包汝楫記：

> 自軍餉煩興，開遼生之例，每名輸銀百兩有奇，給授衣巾，願考

試者學臣一體黜陟，不與考者青衿終身，尚有限制也。楚中協濟黔餉，別有餉生之例，每名僅二十兩，亦濫極矣。武陵、桃、沅間又有所謂贊生，納銀五六兩，縣給札付，專司行香拜賀贊禮，服色與諸生同，混見道府州邑，稱謂、起居一如諸生禮節，昂步街市，人不敢呵，此亦學宮一玷也。

因之，一般商人和地主的子弟，雖目不識丁，亦相率掉臂而入學校，避賦役，列縉紳，儼然是社會中的上層人物了。反之，家徒四壁的寒士只要一入學校，取得學校的制服——青衿以後，其地位便已超出庶民，作威鄉里。等到一中了舉，更是喧赫，通譜的、招婿的、投拜門生的、送錢的，都爭先恐後地來討好了。

顧公燮記明人中舉情形：

明季縉紳，威權赫奕。凡中式者，報錄人多持短棍，從門打入，廳堂窗戶盡毀，謂之改換門庭，工匠隨行，立即修整，永為主顧。有通譜者、招婿者、投拜門生者，乘其急需，不惜千金之贈，以為長城焉……出則乘大轎，扇蓋引導於前。生員則門鬥張油傘前導。婚喪之家，紳衿不與齊民同坐，另構一堂名曰大賓堂，蓋徒知尚爵而不知尚德尚齒矣。

清人吳敬梓所作《儒林外史》，窮秀才范進中舉一段絕妙文字，正是顧公燮所記這情形的絕妙注腳。

而且，這些人不但社會地位改變了，連經濟地位也改變了。一旦中了舉，中了進士，或做了官以後，一般困於徭役的小自耕農，自然會把田土投靠在一批新貴的門下，避免對國家的負擔，因此，這一批新仕宦階級，同時也就是大地主。反之，大商人、大地主的子弟可以拿金錢換取科第，甚至官位，以此，這兩種剝削者同時也成為新仕宦階級。

新仕宦階級有地位，有大量的土地和金錢，剩餘的財貨的投資目標是兼併土地和經營商業，因此，他們同時又是大商人。官僚、地主、商人三位一體的仕宦階級，是明代政治的、社會的、經濟的、文化的重心，也是大明帝國政權所寄託的基礎。

廣收賄賂的東廠太監

明代仕宦階級的一生，可以從陶奭齡的《五計說》中看出。他把這一階級人的一生分為五個階段：

「十歲為兒童，依依父母，嬉嬉飽暖，無慮無營，忘得忘失，其名曰仙計。二十以還，堅強自用，舞蹈欲前，視青紫如拾芥，鶩聲名若逐羶，其名曰賈計。三十至四十，利慾薰心，趨避著念，官欲高，門欲大，子孫欲多，奴婢欲眾，其名曰丐計。五十之年，嗜好漸減，經變已多，僕起於鬥爭之場，亨寒於險巇之境，得意尚有強陽，失意遂成枯木，其名曰囚計。過此以往，聰明既衰，齒發非故，子弟為卿，方有後子，期頤未艾，願為嬰兒，其名曰屍計。大約世人一生盡此五計，非學道人鮮自脫者。」

再從社會關係來看，這一階級的人入仕的時期是見任官吏，退休的時期和入仕以前是鄉紳（明代或稱鄉官，或稱紳衿，紳指退休官，衿指生員——民間稱秀才——和舉人）。做官時期和外地的庶民產生關係，做鄉紳時期則和本地的庶民產生關係。總之，無論他們是在官或居鄉，一般的庶民都在他們的腳下生活著。

我曾習慣地把明代分為兩個段落，分水嶺是嘉靖朝（一五二二年—一五六六年），談到明代的吏治時也不能例外。最好的說明是《明史．循吏傳序》：

> 明太祖……下逮宣仁，撫循休息，民人安樂，吏治澄清者百餘年。英武之際，內外多故，而民心無土崩瓦解之虞者，亦由吏鮮貪殘，故禍亂易弭也。嘉隆以後，資格既重……廟堂考課，一切以虛文從事，不復加意循良之選，吏治既已日媮，民生由之益蹙。

嘉靖、隆慶以前，據趙翼的研究，「崇尚循良，小廉大法，幾有兩漢之遺風」。明人陳邦彥所論更為具體扼要，他說：

嘉隆以前，士大夫敦尚名節。遊宦來歸，客或詢其囊橐，必唾斥之。今天下自大吏至於百僚，商較有無，公然形之齒頰。受銓天曹，得羶地則更相慶，得瘠地則更相吊。宦成之日，或垂囊而返，則群相姍笑，以為無能。士當齒學之初，問以讀書何為，皆以為博科第，肥妻子而已……一行做吏，所以受知於上者非賄賂不為功，而相與文之以美名曰禮。

其實這只是一種比較的說法。嘉隆以前，吏治澄清；嘉隆以後，吏治貪污，固是事實。但在實際上，我們也可說，嘉隆以前吏治亦貪污，不過不如以後之甚；嘉隆後亦有循良，但不如前此之多。我們試看洪武時代的勾捕逃軍案，兵部侍郎王志受贓二十二萬；盜糧案，戶部侍郎郭桓侵沒至千萬，諸司官吏繫獄至數萬人。

成祖朝紀綱之貪作惡，方賓之貪贓。宣宗朝劉觀之黷貨。英宗朝王振之賄賂輳集，逯果、門達之勒賄亂政。憲宗朝汪直、尚銘、梁芳，武宗朝劉瑾、朱彬、焦芳、韓福、張彩之權震天下，公然納賄。幾乎沒有一個時代是不鬧得烏煙瘴氣的，和嘉靖以來的嚴嵩、魏忠賢兩個時代比較，只有程度上的差異而已。假如真有截然不同之處，那我們可學陳邦彥的說法：嘉隆以前，社會尚指斥貪污為不道德；嘉隆以後，則社會且指斥不貪污為無能。這一社會風氣的變化，是值得今日的士大夫思之重思之的。

這一種社會風氣的產生，我在上文曾指出由於那時代人的人生哲學，從讀書到發財成一自然的體系。此外還有兩種社會環境，第一是寒士登第舉債，第二是明代官俸之薄。

寒士得科名的一天，同時也是開始負債的一天。吳應箕說：

士始一寠人子耳。一列賢書，即有報賞宴飲之費，衣服輿馬之需，於是不得不假貸戚友，干謁有司，假貸則期報以異日，謁見則先喪其在我。黠者因之而交通之徑熟，圓巧之習成。拙者債日益重，氣日益卑，蓋未仕而所根柢於仕者已如此矣。及登甲榜，費且數倍，債亦如之。彼仕者即無言營立家私，但以前此之屬債給於民，能堪之乎？

甚至一入仕途，債家即隨之赴任，京債之累，使官吏不至貪污不可。陶奭齡嘗慨乎言之：

今寒士一旦登第，諸凡輿馬僕從飲食衣服之類，即欲與膏粱華腴之家爭為盛麗，秋毫皆出債家。謁選之後，債家即隨之而至，非盜竊帑藏，朘削閭閻，何以償之？

反之，官吏而不貪污，不法外弄錢，那就非狼狽萬狀不可。周順昌在做官後被債主所逼，向他的親戚訴苦說：

讀來札知諸親友之索債者，填門盈戶，甚至有怒面相訾者……做秀才時艱苦備歷，反能以館穀怡二人，當大事……今以濫叨之故，做一不乾淨人，五年宦遊，不能還諸債主，官之累人也多矣。

加之，農業社會是以家族為本體的，一人出仕，不但父母、妻妾、子女靠他養活，提高了生活的水準，甚至母族、妻族、媳族、婿族、鄉里、年誼都要一窩蜂湧來，打抽豐，求關節，真所謂「雞犬同升」，教這人如何能不貪污？

次之，假如明代官俸如唐宋之優贍，那還可對付。可是，恰巧相反，明代官俸之薄，可說是歷史上所僅見的。宣宗時名臣楊士奇記：

宣德四年（一四二九年），吏有遭笞者，捃都御史顧佐之過，謂受皂隸賂放歸。上密以示楊士奇，士奇曰所訴之事，誠有非誣，蓋今朝臣月俸止給米一石，薪炭騶咸資於皂，不得不遣半歸，使備所用。皂亦皆樂得歸耕，實官皂兩便。

鄭曉記宣德時一朝官慘劇云：

正統元年（一四三六年）副都御史吳訥言：

洪武年間京官俸全支，後因營造減省，遂為例。近小官多不能贍。如廣西道御史劉准，由進士授官，月支俸米一石五斗，不能養其母妻子女，貸同道御史王裕等、刑部主事廖謨等俸米三十餘石，去年病死，竟負無還。乞下建議增俸。

正統時曹泰指出官吏之貪，由於俸薄，奏請增俸，事竟不行：

正統六年（一四四一年）二月戊辰，巡按山西監察御史曹泰奏：今在內諸司文臣，去家遠仕，妻子隨行，然祿厚者月給米不過三石，祿薄者一石二石而已，其所折鈔，急不得濟，九載之間，仰事俯畜之費具，道路往來之費，親故問遺之需，滿罷閒居之用，其祿不贍，則不免移其所守，此所以陷於罪者多也。

乞敕廷臣會議，量為增益，俾足養廉，其仍貪污冒法者置之重典，則貪風息矣。上命行在戶部詳議以聞，尚書劉中敷等言官員俸祿已有定制，難以增益。從之。

俸給之薄，由於折色，以米折鈔，以布折米。王瓊記：

國初定制，百官俸給，皆支本色米，如知縣月支米七石，歲支米八十四石，足勾養廉用度。後改四品以上，三分本色，七分折色。五品以下，四分本色，六分折色。後又改在外官月支本色米二石，其餘俱支折色。其折色以鈔為則，每米一石，折鈔十五貫或二十貫，每布一匹折米二十石。京官折俸四五年不得一支，外官通不得支。此貪婪之難禁也。

折色相當於現在米貼之改發代金。不發米而發同等價值的鈔，在原則上並不吃虧，可是第一月薪打折扣，只發原數的三十五分之一，第二鈔值貶價。由於這樣的左折右折，折得當時官吏無以為生，試舉一實例：

據《明史・李賢傳》，當時指揮使月俸三十五石者，實支僅一石，米一石折鈔十貫，鈔一貫值錢二文至三文，由是知指揮使一月所得不過銅錢二三十文。推而上之，正一品月俸八十七石，照比例折成實支，又折起鈔再算錢，也不過月得七八十文；推而下之，正七品（知縣）月俸七石，左折右折，可憐只能拿到二三文銅錢了。

其後又改定官俸折銀例，雖然官吏的收入在比例上增加了一點，可是如專靠正俸生活，也還是非餓死不可。在這情形之下，中外官仰無以事父母，俯無以畜妻子，更談不上還官債、贍親族，何況上司要賄賂，皇帝要進獻，層層剝削，除了剝削民眾，貪污以外，更有什麼辦法！要做好官，那便非像潘蕃那樣，做了若干年的方面大臣，罷官後連住宅也沒有，寄住別人家終老。海瑞剔歷內外，死後全家產只有一兩銀子，連買棺木也不夠。這些自然是違反社會風氣的可忽略的例外，大多數官吏很容易有辦法，找出一條生財大道。

明代前期的吏治，從英宗任用王振到武宗任用劉瑾，這階段的污濁情形是盡人皆知的。太祖、太宗二朝嚴刑重法，宣宗、孝宗二朝政局清明。現在試以這幾朝作例，分酷虐和苛斂兩方面說明。

太祖朝以酷虐知名的大臣有陳烙鐵，《明史》說他：

> 洪武三年（一三七〇年），寧知蘇州，征賦苛急，嘗燒鐵烙人肌膚，吏民苦之，號為陳烙鐵。

太宗朝則有殘殺農民的丁玨：

> 丁玨，山陽人。永樂四年（一四〇六年）里社賽神，誣以聚眾謀不軌，坐死者數十人。

至於苛斂民財，以做官為發財捷徑的，則更難僕數。其著者如太祖朝之郭桓案，《大誥》曾再三宣布其罪狀：

> 戶部官郭桓等收受浙西秋糧合上倉四百五十萬石，其郭桓等只收六十萬石上倉，鈔八十萬錠入庫，以當時折算，可抵二百萬石餘，有一百九十萬石未曾上倉。其桓等受要浙西等府鈔五十萬貫，致使府州縣官黃文等通同刁頑人吏邊源等作弊，各分入己。

又說：

> 其所盜倉糧以軍衛言之，三年所積賣空，前者榜上若欲盡寫，恐民不信，但略寫七百萬耳。若將其餘倉分，並十二布政司通同盜賣見在倉糧，及接受浙西等府鈔五十萬張，賣米一百九十萬石不上倉，通

算諸色課程魚鹽等項，及通同承運庫官范朝宗盜賣金銀，廣惠庫官張惠安支鈔六百萬張。除盜庫見在寶鈔金銀不算外，其賣在倉稅糧反米上倉，該收稅糧及魚鹽等項諸色課程共折米算，所廢者二千四百餘萬精糧。

浙西有司苛斂案：

浙西所在有司，凡徵收害民之奸，甚如虎狼。且如折收秋糧，府州縣官發放，母米一石官折鈔二貫，巧立名色，取要水腳錢一百文，車腳錢三百文，口食錢一百文。庫子又要辨驗錢一百文，蒲簍錢一百文，竹簍錢一百文，沿江神佛錢一百文，害民如此，罪可宥乎？

宣宗時，政府曾宣布地方官吏科斂無度之情形云：

宣德三年（一四二八年）三月壬辰，敕諭北京行部曰：比者所司每緣公務，急於科差，貧富困於買辦，丁中之民服役連年，公家所用，十不二三，民間耗費，常十數倍。加以郡邑官鮮得人，吏肆為奸，徵收不時，科斂無度，假公營私，弊不勝紀，以致吾民衣食不足，轉徙逃亡，凡百應輸，年年逋欠，國家倉庾，月計不足。

英宗時，夏時上言地方官吏貪酷之弊：

正統三年（一四三八年）江西按察僉事夏時言：切惟今之守令，冒牧民之美名，乏循良之善政，往往貪臬一酌而邪念頓興，非深文以逞，即鉤距之求，或假公營私，或誅求百計，經年置人於犴獄，濫刑恒及於無辜，甚至不任法律而顛倒是非，高下其手者有之，刻薄相尚而避己小嫌，入人大辟者有之，不貪則酷，不怠則奸，或通吏胥以賈禍，或縱主案以肥家，殃民蠹政，莫敢誰何，遂使枉者含冤於囹圄，徒憤於桎梏，其傷和氣，乖國憲，莫此為甚。

七年以後，王振擅權用事，「畏禍者爭附振免死，賄賂輳集，籍其家得金銀六十餘庫，玉盤百，珊瑚高六七尺者二十餘株，他珍玩無算。」

孝宗時，太監李廣懼罪自殺，「帝疑廣有異書，使使即其家索之，得賂籍以進，多文武大臣名，饋黃白米各千百石。帝驚曰：廣食幾何？乃受米如許！左右曰，隱語耳，黃者金，白者銀也。」

武宗信任劉瑾，上下交徵，竟成賄賂世界，「瑾故急賄，凡入覲出使官，皆有原獻。給事中周鑰勘事歸，以無金自殺。令天下巡撫入京受敕輸瑾賂，延綏巡撫劉宇不至，逮下獄；宣府巡撫陸完後至，幾得罪，既賂乃令試職視事。邊將失律，賂入即不問，有反升擢者。」

綜上所記，可知地方官橫徵暴斂，以所得之一部分做家業，一部分獻給上官。地方長官又以所得分賂京中權貴和太監，京中權貴再以所得分賂太監。從太監、閣臣到地方州縣官形成了一套賄賂系統。

前期吏治貪污，政府尚執法以繩，社會輿論亦往往加以指責。後期則以貪污為正常之現象。內外上下，賄賂公行，終至民不聊生，盜賊四起，萬曆初年高拱指出這一現象，實由於有司之貪殘。他說：

一地方之所以多賊者，實逼起於有司之貪殘，而養成於有司之蒙蔽，及其勢成，計無所出，乃為招撫之說，以苟且於目前。於是我以撫款彼，而彼亦以撫款我，東且撫而西且殺人，非有撫之實也，而徒以冠裳金幣羊酒宴犒，設金鼓以寵之與之，有司將領固有稱賊酋為翁，相對宴飲歡笑為賓主，而又投之以侍教生帖者。百姓之苦如彼，而賊之榮利乃如此，不亦為賊勸乎？奈何民之不為賊也！

細析此種現象，第一由於鄉紳和官吏狼狽為奸。魏大中說：

百姓窮苦，皆由外吏貪殘。其所以敢於貪殘而無忌者，繇諂笑居間，求田間舍之鄉紳為之延譽，擬贖慶生；賀節投歡之有司道與之作緣，少望風解綬之巡按，多計日待遷之巡撫，而輦轂賂遺，往來如織，入計之年，尤厚以聲酬實，其應如響。故民苦貪殘者，官稱卓異，不但倖免計黜，尋且選科選道，或為吏部司官。風尚日非，仕路穢濁，貪官污吏，布滿郡邑，白姓求一日之苟活不可得，而天下幸其久安長治，萬無是理。

第二由於署印官之趁火打劫。趙南星說：

今佐領官所在貪肆害民，正官有缺，必會署事，入門即征租稅以圖加收，日夜敲朴，急於星火，俗言署印如打劫，非虛語也。

而總以催科之火耗、詞訟之贖鍰為應得之私款，公然入己，毫無避忌。方孩未（方振孺，字孩未）《整飭吏治疏》說：

百姓何以日窮，亦曰天下貪吏多，而懲貪之法太疏耳。一邑設佐貳二三員，各有職掌，司捕者以捕為外府，收糧者以糧為外府，清軍者以軍為外府，其刑驅勢逼，雖綠林之豪，何以加焉？稍上而長吏，則有科罰，有羨餘，曰吾以備朝京之需，吾以備考滿之用，上言之而不諱，下聞之而不驚，雖能自洗刷者固多，而拘於常例者不盡無也。

又上之而為郡守方面，歲時則有獻，生辰則有賀，不謀而集，相靡而來，尋常之套數，不足以獻芹，方外之奇珍，始足以下點，雖能自洗刷者固多，而拘於常例者不盡無也，蕭然而來，捆載而去。夫此捆載者，非其攜之於家，雨之於天，又非輸於神，運於鬼，總皆為百姓之脂膏，又窮百姓賣兒賣女而得之耳。

如是安得不日剝日削，以至於盡也。而銓司之考成，止於罷職，撫按之彈劾，極於為民，夫攜有餘之金錢，高田廣宅，歌兒舞女，肥肉美酒，彼亦何所不愉快而需此匏瓜之進賢乎？

趙南星《朝覲合行事宜疏》也說：

今士人一為有司，往往不期月而致富，問其所以，率由條鞭法行，錢糧經有司之手，重收而取羨餘，加派在其中矣。而數年來又以軍興加派，則加重收而取羨餘，是加派無已矣。有司之貪如此，民安得不為盜，小盜起而大盜隨之，皆有司為之竽也。

所謂「羨餘」即是火耗，顧亭林說得最為明白：

火耗之所由起，其起於征銀之代乎？……夫耗之所生，以一州縣之賦繁矣，戶戶而收之，銖銖而納之，不可以瑣細而上諸司府，是不得不資於火，有火則必有耗，所謂耗者特百之一二而已。有賤丈夫……藉火耗之名，為巧取之術，蓋不知起於何年，此法相傳，官重一官，代增一代，以至於今，於是官取其羸十二三，而民以十三輸國之十。里胥之輩又取其羸十一二，而民以十五輸國之十。其取利則薄於兩而厚於銖，凡徵收之數兩者，必其地多而豪有力，可以持吾之短長者也；銖者必其窮下之戶也，雖多取之不敢言也。於是兩之加焉十二三，而銖之加焉十五六矣，薄於正賦而厚於雜賦，正賦耳目之所先也，雜賦其所後也，於是正賦之加焉十二三，而雜賦之加焉或至於十七八矣。解之藩司，謂之羨餘，貢諸節使，謂之常例，責之以不得不為，護之以不可破，而民之困未有甚於此時矣。

馴至以火耗贖鍰為國有之常例，於常例外更闢財源，國家頒一令，地方興一事，都成官吏之利藪。劉宗周《敬修職掌疏》說：

今日吏治之汙，如催科而火耗，詞訟而贖鍰，已視為常例未厭也。及至朝廷頒一令，則一令即為漁獵之媒。地方有一事，則一事即為科斂之籍，官取其一，吏取其九，一者嘗見持而九者遂不敢問，民費其十，上供其一，十者方取贏，而一者愈苦不足。以是百姓視上官如仇讎，一旦有事，可獻城則獻城，可從賊則甘心從賊，計不反顧也……一令耳，上官之誅求，自府而道而司而撫而按而過客而鄉紳，而在京之權要，遞而進焉，肆應不給。而至於營升謝薦之巡方御史尤甚。即其間豈無矯矯自好者，而相沿之例，有司已捆載而往遺其家，巡方不及問也。如是者一番差遣，一番敲吸，欲求民生之不窮且盜以死可得乎？

地方守令更動一次，民間即被剝削數百萬；巡方御史出巡一次，地方又被剝削數百萬：

崇禎三年（一六三〇年）梁廷棟言：一歲陰為加派者不知其數。如朝覲考滿行取推升，少則費五六千金，合海內計之，國家選一番守令，加派數百萬。巡撫查盤訪緝饋遺謝薦，多者至二三萬金，合天下計之，選一番巡方，天下加派百餘萬。

內外官的賄賂技術，也隨吏治風氣而進步，前期的黃米、白米，到後期末年易以雅稱為書帕，饋遺金珠時必以書為副。劉宗周《敬循職掌條列風紀之要以佐聖治疏》說：

> 往者京師士大夫與外官交際，自臣通籍時有科三道四之說，識者已為之嘰嘔。其後稍稍濫觴……禁愈嚴而犯者愈眾，情愈巧。臣受事冬官時，見內外官相見以贄，輒袖手授受，不令班皂見窺，至列柬投遞，必托小書名色曰十冊二十冊以示諱……久之白鏹易以黃金，致長安金價日高，如是者習以成風，恬不為恥。

徐樹丕亦記：

往時書帕惟重兩衙門，然至三四十金至矣。外舅宮詹姚公（希孟）為翰林時，少者僅三四金，餘所親見，此不過往來交際之常，亦何足禁。今上嚴旨屢申，而白者易以黃矣，猶嫌其重，更易以圓白而光明者。近年來每於相見揖時，口敘寒暄，兩手授受，世風日偷，如江河之下，不可止矣。

清人蔣超伯指出由於這一種風氣，使一般地方官喜歡濫刻文集，以為應酬之用，魯魚亥豕，不可卒讀。他說：

明世苞苴盛行，但其饋遺必以書為副，尤以新刊之本為貴，一時剞劂紛如，魯魚罔校，如陳埴《木鍾集》弘治中溫州知府鄭淮重刊，都穆《南濠詩話》乃和州知州黃桓所刻，其序云捐俸繡梓，用廣厥傳。似此不一而足。

這種風氣沿襲到清朝，有名的理學家儀封張伯行在每一任上，科斂民財，專刻前代理學書，卻又偷工減料，只刻原書的一部分，或腰斬，或凌遲，而總顏曰《正誼堂叢書》，即是一個好例。

中央各機關中以戶部掌國家出納，吏部掌官吏銓選，故弊亦最重。試各舉一例說明，李清記：

上虞趙鉞老部胥，奸蠹也。因與部諸新胥瓜分不平，憤激上密疏盡發積弊：

一，遼鹽原議引價四萬餘兩解部充餉，而米不納寧遠，銀亦不交戶部，二十餘年誑納可百萬金。

二，新增附綱二十九萬引，多無歸著，及天津派買米豆並帶運追此掛欠米折船價水腳各項，盡屬侵漁，每年數十萬。

三，長蘆及淮北鹽價逋負甚多，必責按年征解。朋扣馬乾為各鎮道將侵分，歲數十餘萬。

四，各處屯牧加增錢糧，並不察催，皆被侵隱。

五，召買弊大，宣鎮每年十二萬尤為奸蠹，即他處可省亦數十萬。

六，各州縣攤派里甲儲備米豆，不可勝計，亦宜察核。

這是明北都傾覆前一年的事。竭全國的民脂民膏，不用之軍，不用之國，卻一部分徒飽貪官污吏的私囊，這是最令人痛心的記載。

關於吏部的，趙南星《陳銓曹積弊疏》：

天下之行私最便而得利最厚者，莫過於吏部。今之士人以官爵為性命，以鑽刺為風俗，以賄賂為交際，以囑託為當然，以循情為盛德，以請教為謙厚。聞有可管選者，每遇朝退，則三五成群，如牆而遮留之，講升，講調，講地方，講起用。既唯喏矣，則又有遮留者，恒至嗌乾舌敝而後脫。一至署中，則以私書至，其三五聯名者謂之公書，填戶盈幾，應接不暇，面皮世界，書帕長安。

馴至科場亦講關節，勾結試官，出賣題目。輔臣——內閣大學士是行政中樞最高人物，也多由賄賂太監入閣。黃尊素說：

大拜之事，相傳必用間金數萬，有類富人為注。館中諸公明對人名，某某俱有以數萬獲之。沈吳興（淮）入相，誘洞庭翁姓者五萬金，以總戎許之。其餘廢弁棄官以千金進者不可勝計。即他相號稱賢者往往為之。

其他著例如高拱之復相，由於邵芳行賄大璫。周延儒之復相，由於吳昌時之交關近侍。富人地主廢弁棄官，湊錢投資使某一人入閣執政，事成後以中外要官為酬傭分紅之報償，再從所任官上科斂搜括，收回資本和利息，這是明代的吏治，也是明代亡國之主因！

驕奢淫逸的生活：賭博、狎妓、倡優……

這時代這一階級的生活，除了極少數的例外，可以用「驕奢淫逸」四字書之。風行草偃，以這階級做重心的社會，也整個地被濡染在此種風氣中。由這種生活和風氣所產生的文化，當然也是多餘的、消費的、頹廢的。

驕奢淫逸的生活，在明代前期即已有人具體地指出，以當時的首都京師——北京做代表，一事佛，二營喪，三服食，四倡優，五賭博：

正統十三年（一四四八年）八月己卯，巡按直隸監察御史陳鑒言：

今風俗澆浮，京師為甚。冠攘竊發，畿甸為多。此愚者以為迂緩不急之務，而知者所深慮也。臣推其故有五：其一軍民之家，事佛過盛，供養布施，傾貲不吝。其二營辦喪事，率至破家，唯誇觀視之美，實非送死之益。其三服食靡麗，侈用傷財。其四倡優為蠹，淫敗無極。其五賭博破產，十凡八九。凡此數者，前此未嘗不禁，但禁之不嚴，齊之無禮，日滋月熾，害治非細。請下有司申明國初條例，參以前代禮制，務使其簡而易知，畏而不犯，則盜賊可以消弭，而風俗可以還淳。禮部尚書胡　等以為所言者已嘗屢有禁令，無庸別作施行。事遂止。

五十年後，周璽上疏說出當時奢侈的生活：

中外臣僚士庶之家，靡麗侈華，彼此相尚，而借貸費用，習以為常。居室則一概雕畫，首飾則濫用金寶，倡優下賤以綾緞為褲，市井光棍以錦繡緣襪，工匠廝役之人任意製造，殊不畏憚。雖朝廷禁止之詔屢下，而奢靡僭用之習自如。

又過五十年，嘉靖時（一五二二年—一五六六年）錢薇則以為弘治間（一四八八年—一五〇五年）侈在勳戚，正德間（一五〇六年—一五二一年）奢乃在士大夫。他說：

黨藍田昔遊京師，在弘治間，士大夫彬彬以禮自飭，諸勳戚乃有侈而泰者。正德時奢乃在士大夫，石齊閣老與寧、堂輩序約兄弟，每飲，賞庖役白金多或至二百，噫！宴勞之濫，自此始矣。

到世宗朝嚴氏父子當國，窮奢極欲的風氣，遂達頂點。例如嚴家子孫的生活：

嚴嵩孫嚴紹庚、嚴鵠等嘗對人言，一年盡費二萬金，尚苦多藏無可用處。於是競相窮奢極欲。

嚴嵩門下鄢懋卿的生活：

恃嚴嵩之勢，總理兩浙、兩淮、長蘆、河東鹽政。性奢侈，至以文錦被廁，白金飾溺器。其按部嘗與妻偕行，製五彩輿，令十二女子舁之，道路傾駭。

朱國楨把這時代和永樂時代比較說：

永樂時閣臣子弟至附舟潛行，蓋國初規制如此。即大臣不敢過分，何況子弟？余入京見閣臣子弟駕驛舟極宏麗，氣勢烜赫，所司趨奉不暇，鄉里親戚皆緣為市。其風大約起於嚴氏父子，後遂不能禁，且尤而效之也。

萬曆初年名相張居正奉旨歸葬時，沿途地方官挖空心思趨奉：

一真定守錢普創為坐輿，前輿後室，旁有兩廡，各立一童子供使令，凡用舁夫三十二人。所過牙盤上食味逾百品，猶以為無下箸處。

鬧闊的風氣，也影響到民間婚姻，索重聘，陪厚嫁，有類唐代的賣婚。徐渭記浙東情形：

吾鄉（山陰）近世嫁娶之俗浸薄，嫁女者以富厚相高。歸之日，擔負舟載，絡繹於水陸之塗，繡袱冒箱笥如鱗，往往傾竭其家。而有女者益自矜高，閉門拱手以要重聘。取一第若被一命，有女雖在襁褓，則受富家子聘，多至五七百金，中家半之，下此者人輕之，談多不及也，相率以為常。

崇禎十二年（一六三九年）楊嗣昌上疏說：

海內士大夫自神皇末年相習奢侈，凡宮室車馬衣服器用之屬，無不崇飾華麗，邁越等倫。即或清高自命，宦橐無多，亦稱貸母錢，締構園亭卉木，耽娛山水詩文，以是優遊卒歲為快。其親串朋好，偶逢吉慶生辰，相率斂錢，造杯製帳，更迭酬贈，以為固然。臣等身在流俗之中，沿染至今，皆不能免。

堵允錫上疏斥奢淫之習說：

冠裳之輩，怡堂成習，厝火忘危。膏粱文繡厭於口體，宮室妻妾昏於志慮，一篚之費數金，一日之供中產，聲伎優樂，日緣而盛。夫縉紳者士民之表，表之不戒，尤以成風。於是有紈褲子弟，益侈豪華之志，以先其父兄。溫飽少年，亦競習裘馬之容，以破其家業，挾彈壚頭，呼盧伎室，意氣已驕，心神俱潰，賢者喪志，不肖傾身，此士人之蠹也。於是又有遊手之輩，習諂媚以蠱良家子，市井之徒，恣凶譎以行無賴事，白日思群，昏夜伏莽，不耕不獲，生涯問諸儻來，非士非商，身業寄於亡命，狐面狼心，冶服盜質，此庶人之蠹也。如是而風俗不致頹壞，士民不致饑寒，盜賊不致風起者，未之有也。

大聲疾呼，無人理睬，流賊起而明遂亡。

從上文所引的從正統到崇禎的史料看，可見這是一個時代的風氣，也是造成這時代的這一階級的風氣。

這一階級的生活趣味，全部建築在金錢上。一生的前半期耗費在科舉上，等到登科入仕以後，八股文固束之高閣，即切身的現實的如何做事，如何從政，國家的、民族的、社會的問題都一概不管，卻用全副精神來講求物質的享受。一般地說，都飽食終日，無所用心，只刻意謀生活的舒適，納姬妾，營居室，築園亭，侈飲食，備僕役，再進而召妓女，養優伶，事博弈。雅致一點或附庸風雅的更提倡玩古董，講版刻，組文會，究音律。這一階級人的生活風趣影響到了文學、美術、建築學、金石學、戲曲、版本學……使之具有特殊的時代面貌。

八股家幸而遭遇機緣，得了科名時，第一步是先起一個別號，如什麼齋什麼甫庵之類，以便於官場和同一階級人的稱呼。顧起元引王丹丘說，以為此風自嘉靖以後始盛。他說：

正德中士大夫有號者十有四五，雖有號，然多呼字。嘉靖年來，束髮時即有號，末年奴僕輿隸俳優無不有之。

第二步是娶一個姨太太，沈德符說：

縉紳羈宦都下，及士子卒業辟雍，久客無聊，多買本京婦女，以伴寂寥。

王崇簡也說：

> 明末習尚，士人登第後，多易號娶妾。故京師諺云：改個號，娶個小。

第三步是建築適合身分的居室，做大官的邸舍之多，往往駭人聽聞。例如嚴嵩得罪籍沒時的家產清單，光是第宅房屋一項，在江西原籍共有六千七百零四間，在北京的共一千七百餘間。陸炳用事時，營別宅至十餘所。鄭芝龍在唐王偏安一隅的小朝廷下，秉政數月，增置倉莊至五百餘所。

顧起元說：

> 正德以前，房屋矮小，廳堂多在後面。或有好事者，畫以羅本，皆樸素渾堅不淫。嘉靖末年，士大夫家不必言。至於百姓有三間客廳費千金者，金碧輝煌，高聳過倍，往往重簷獸脊如官衙然。園囿僭擬

公侯。下至勾欄之中，亦多畫屋矣。

仕宦階級經構園亭風氣之盛，大概也是嘉靖以後的事。陶奭齡說：

少時越中絕無園亭，近亦多有。然其間亦有人已之辨菜徑棘籬，林木蓊翳，內有清池數畝，修竹數千，洞房素闥，具體而微，北牖延風，南榮賓日，身可休老，子孫可誦讀，親朋過從，亦可觴詠，為己者也。岩夫雕闌綺榭，傑觀危樓，修廊引帶其間，花徑匯緣而入，標奇踞勝，帶霓飲云，使夫望之者欲就，就之者欲迷，主人有應接之煩，無燕處之適，此為人者也。

奭齡是萬曆時人。可見在嘉隆以前，即素稱繁庶的越中，仕宦階級尚未有經營園亭的風氣。園亭的締構，除自己出資建置外，大抵多出於門生故吏的報效。顧公燮說：

前明縉紳雖素負清名者，其華屋園亭，佳城南畝，無不攬名勝，連阡陌。推原其故，皆係門生故吏代為經營，非盡出己資也。

王世貞記南京名園，王公貴戚有太傅園，西園，魏公南園、西園，錦衣東園，萬竹園，西園，徐錦衣家園，金盤李園，徐九宅園，莫愁湖園，同春園，鳳臺園，武定侯園；士人則有市隱園，武氏園，正貢士杞園，遯園，逸園，爾祝園，吳孝廉園，何參知露園，卜太學味齋園，許典客長卿園，李象先茂才園，許長卿新園，無射園，湯太守熙臺園，陸文學園，方太學園，張保禦園，李民小園，武文學園，太複新園，華林園等園。

婁東（太倉）一邑有田氏園，安氏園，王錫爵園，楊氏日涉園，吳氏園，季氏園，富氏杜家橋園，王世貞弇州園，王士騏約園，琅玡離薋園，王敬美澹園等數十園。

北京則有米仲詔湛園，勺園，漫園，宣家園，清華園等名園。全國名都大邑，都競相建築，園亭建築學由之盛極一代，西洋教士東來後，將東方建築風格帶回歐洲，大大地影響了十七八世紀時代的歐洲園亭建築。園中多鑿水疊假山，郎瑛記：

近日富貴家之疊假山，是山之成也，自不能如真山之有生氣，春夏且多蛇虺，而月夜不可樂也。

張南垣至以疊石成名，為當時人造風景、園亭藝術專家。黃宗羲說：

三吳大家名園皆出其手。其後東至於越，北至於燕，召之者無虛日。

對於飲食衣服，尤刻意求精，互相侈尚。正德時大臣宴會，賞賚庖役動至數百金。萬曆時張居正牙盤上食味逾百品，猶以為無下箸處。陶奭齡說：

近來人食酒席，專事華侈，非數日治具，水陸畢集，不敢輕易速客。湯餌者蔌，源源而來，非惟口不給嘗，兼亦目不周視，一筵之費，少亦數金。

「一簋之費數金，一日之供中產。」平居則「眈眈逐逐，日為以腹謀」。張岱自述：

越中清饞，無過餘者。喜啖方物。北京則蘋婆果，黃鼠，馬牙松。山東則羊肚菜，秋白梨，文官果，甜子。福建則福橘，福橘餅，牛皮糖，紅腐乳。江西則青根，豐城脯。山西則天花菜。蘇州則帶骨鮑螺，山楂丁，山楂糕，松子糖，白圓，橄欖脯。嘉興則馬交魚脯，陶莊黃雀。南京則套櫻桃，桃門棗，地栗團，萵筍團，山楂糖。杭州則西瓜，雞豆子，花下藕，韭芽，元笋，塘棲蜜橘。蕭山則楊梅，蓴菜，鳩鳥，青鯽，方柿。諸暨則香狸，櫻桃，虎栗。嵊則蕨粉，細榧，龍遊糖。臨海則枕頭瓜。臺州則瓦楞蚶，江瑤柱。浦江則火肉。東陽則南棗。山陰則破塘筍，謝橘，獨山菱，河蟹，三江屯蟶，白蛤，江魚，鰣魚，里河鰦。遠則歲致之，近則月致之，日致之。

「家常宴會，但留心烹飪。庖廚之精，遂甲江左。」爭奇鬥巧，普通的做法不足以標新立異，於是另闢蹊徑，慘殺物命：

京師……宰殺牲畜，多以慘酷取味，鵝鴨之屬，皆以鐵籠罩之，炙之以火，飲以椒漿，毛盡脫落，未死而肉已熟矣。驢羊之類，皆活割取其肉，有肉盡而未死者，冤楚之狀，令人不忍見聞……巨璫富戚，轉相效尤，血海肉林，恬不為意。

在這風氣之下，專講飲食烹調的食譜、茶譜、酒譜便成為該階級的流行著作，飲食口腹之學也成為專門之學了。

同樣，衣服也由布而絹，由淺色而淡紅。隆萬時，范濂說：

> 布袍乃儒家常服，邇年鄙為寒酸，貧者必用紬絹色衣，謂之薄華麗，而惡少且從典肆中覓舊段舊服，翻改新起，與豪華公子列坐，亦一奇也。春元必穿大紅履，儒童年少者必穿淺紅道袍，上海生員冬必服絨道袍，暑必用鬃巾綠傘，雖貧如思丹，亦不能免。稍富則絨衣巾蓋益加盛矣。

巾帽則變易更多，花樣翻新，不可究詰。范濂又記：

> 余始為諸生時，見朋輩戴橋梁絨線巾，春元戴金線巾，縉紳戴忠靖巾。自後以為煩，俗易高士巾、素方巾，復變為唐巾、晉巾、漢巾、褊巾，丙午（一五四六年）以來，皆用不唐不晉之巾，兩邊玉屏花

一對，而少年貌美者加犀玉奇簪貫髮。

綜巾始於丁卯（一五六七年）以後，其制漸高，今又漸易。盈紗巾為松江上產，志所載者，今又有馬尾羅巾、高淳羅巾，而馬尾羅者與綜巾似已亂真矣。童生用方包巾，自陳繼儒出，用兩飄帶束頂，邊亦去之，用吳門直羅頭法，而狷兒更覺雅俏。

瓦楞綜帽在嘉靖初年唯生員始帶，至二十年外則富民用之，然亦僅見一二，價甚騰貴。皆尚羅帽、紵絲帽。故人稱絲羅必曰帽緞……萬曆以來，不論貧富皆用綜，價亦甚賤，有四五錢七八錢者，又有朗素密結等名。

此外又有玉壺巾、明道巾、折角巾、東坡巾、陽明巾等名色。婦女服飾，正德時多用瓔珞：

正德元年（一五〇六年）婦女多用珠結蓋頭，謂之瓔珞。

嘉靖以後則愈趨繁雜。范濂說：

婦人頭髻在隆慶初年，皆尚圓編，頂用寶花，謂之挑心，兩邊用捧鬢，後用滿冠倒插，兩耳用寶嵌大環，年少者用頭箍，綴以圓花方塊。身穿裙襖，襖用大袖圓領，裙有銷金拖。自後翻出挑尖頂髻，鵝膽心髻，漸見長圓，並去前飾，皆尚雅裝，梳頭如男人直羅，不用分髮鬢髻，髻皆後垂，又名墮馬髻，旁插金玉梅花一二對，前用金鉸絲燈籠簪，兩邊用西番蓮稍簪插兩三對，髮眼中用犀玉大簪橫貫一二枝，後用點翠捲荷一朵，旁加翠花一朵大如手掌，裝綴明珠數顆，謂之鬢邊，花插兩鬢邊，又謂之飄枝花。耳用珠嵌金玉丁香。衣用三領窄袖，長三尺餘，如男人穿褶，僅露裙二三寸。梅條裙拖，膝褲拖初尚縴絲，又尚本色，尚畫，尚插繡，尚堆紗，近又尚大紅綠繡，如藕蓮裙之類，而披風便服並其梅條去之矣。

髻則愈後愈高。董含說：

余為諸生時，見婦人梳髻高三寸許，號為新樣。年來漸高至六七寸，蓬鬆光潤，謂之壯丹頭，皆用假髮襯墊，其垂至不可舉首。又仕官家或辮髮螺髻珠寶錯落，烏靴禿禿，貂皮抹額，閨閣風流，不堪過目，而彼自以為逢時之制也。

生活上窮奢極欲，再進一步便是狎妓。唐宋以來的官妓，到明初仍沿其制。劉玉記：

（南京）江東門外，洪武間（一三六八年—一三九八年）建輕煙、淡粉、梅妍、翠柳四樓，令官妓居之，以接四方貴客大賈，及士大夫休沐時往遊焉。後士大夫多耽酒悅色廢事，漸加制限。

胡納亦記：

臺、溫二郡，經方氏籍據之後，全乖人道。其地多倡家，中朝使者以事至，多挾倡飲，有司疲於供應。熊君鼎為浙僉事，下永嘉令籍倡家數千，悉械送之京。

至宣德三年（一四二八年）左都御史劉觀挾妓宴飲被斥，《明史》記：

時未有官妓之禁，宣德初臣僚宴樂，以奢相尚，歌妓滿前。觀私納賄賂，諸御史亦貪縱無忌。

次年復有蕭翔等挾妓廢事案：

七月丙寅，給事中賈諒、張居傑劾奏行在戶部郎中蕭翔等不理職務，日惟挾妓酣飲恣樂。命悉下之獄。上謂尚書夏原吉等曰：飲酒人之常情，朕未嘗禁。但君子當以廉恥相尚，倡優賤人，豈宜褻狎。近頗聞此風盛行，如劉觀輩尤甚，每趁人邀請，輒以妓自隨，此輩仿效，若流而不返，豈不大壞禮俗。大臣者小臣之表也，卿當以朕此言徧諭之。

一月後政府遂申令禁約，現任官不許狎妓：

八月丙申，上諭行在禮部尚書胡濙曰：祖宗時文武官之家，不得挾妓飲宴。近聞大小官私家飲酒，輒命妓歌唱，沈酣終日，怠廢政事，甚者留宿，敗壞禮俗。爾禮部揭榜禁約，再犯者必罰之。

替代官妓的是變形男娼的小唱，沈德符說：

京師自宣德顧佐疏後，嚴禁官妓，縉紳無以為娛，於是小唱盛行，至今日幾如西晉太康矣。

史玄記：

唐宋有官妓侑觴，本朝惟許歌童答應，名為小唱，而京師又有小唱不唱曲之諺。每一行酒止傳唱上盞及諸菜，小唱伎倆盡此焉。小唱在蓮子衙衕，門與倡無異。其侏好者或乃過於倡，有耽之者往往與托合歡之夢矣。

但非現任官吏即不受此禁例之束縛，勾欄盛況並不因之減色。馴至士人以老稱妓，茅元儀曾憤慨地說：

近來士人稱妓每曰老，如老一老二之類。老者吾輩所尊，而尤物

> 所忌，似不近人情。

十七世紀初年，輕薄文人至以科舉名次來標榜妓女，稱為花榜。永華梅史《燕都妓品序》：

> 燕趙佳人，顏美如玉，蓋自古豔之。矧帝都建鼎，於今為盛。而南人風致，又復襲染薰陶，其豔宜驚天下無疑。萬曆丁酉庚子間（一五九六年—一六〇六年），其妖冶已極。

有狀元、榜眼、探花之目，同時曹大章有《秦淮士女表》，萍鄉花史有《廣陵女士殿最》。可見這風氣之普遍。余懷記南京教坊之盛，甚至說：

> 南曲衣裳妝束，四方取以為式。

崇禎中四方兵起，南京未遭兵燹，這一階級在國亡家破的前夕，依然徵歌召妓：

> 宗室王孫，翩翩裘馬，以及烏衣子弟，湖海賓遊，靡不挾彈吹簫，經過趙李。每開筵宴，則傳呼樂籍，羅綺芬芳，行酒糾觴，留髡送客，酒闌棋罷，墮珥遺簪，真欲界之仙都，昇平之樂國也。

明代後期的色情小說，最著者如《金瓶梅》，就是代表這時代的作品。清初孔尚任的《桃花扇》所描寫的秦淮河教坊盛況，也是這時代的寫實之作。和妓女、小唱並行——或者可以說部分由妓女、小唱改業的有女戲和男戲。女戲之盛行亦為隆萬以後之事。徐樹丕說：

> 十餘年蘇城女戲盛行，必有鄉紳為之主，蓋以倡兼優，而縉紳為之主。充類言之，不知當名以何等，不肖者習而不察，滔滔者皆是也。

以排演女戲著稱的藝術家有朱雲崍，以音樂著，張岱說他：

朱雲崍教女戲，非教戲也，先教琴，先教琵琶，先教提琴弦子簫管鼓吹歌舞，借戲為之，其實不專為戲也。郭汾陽、楊越公、王司徒女樂，當日未必有此。

劉暉吉以布景著：

若劉暉吉奇情幻想，欲補梨園從來之缺陷，如唐明皇遊月宮，葉法善作法，場上一時黑魆地暗，手起劍落，霹靂一聲，黑幔忽收，露出一月，其圓如規，四下以羊角染五色雲氣，中坐常儀，桂樹吳剛，白兔搗藥。輕紗縵之內，燃寒月明數株，光焰青黎，色如初曙，撤布成梁，遂躡月窟，境界神奇，忘其為戲也。

朱楚生則以科白著：

朱楚生，女戲耳，調腔戲耳，其科白之妙，有本腔不能得十分之一者。蓋四明姚益城先生精音律，與焦生輩講究關節，妙入情理，如《江天暮雪》《霄光劍》《畫中人》等戲，雖崑山老教師，細細摹擬，斷不能加其毫末也。

至男戲則可分為三種，第一種是職業伶人，第二種是業餘消遣，第三種是貴家戲社。職業伶人遊行城鄉，搭草臺，臨時演唱，民間重迷信，酬神賽會，必招戲班演戲，是近代最重要的民間娛樂。

湯來賀《梨園說》：

自元人王實甫、關漢卿作俑為《西廂》，其字句音節足以動人，而後世淫詞《圖書集成．藝術典》卷八一七。紛然繼作。然聞萬曆中，家庭之中，猶相戒演此，惡其導淫也，且以為鄙陋而羞見之也。近日若《紅梅》《桃花》《玉簪》《綠袍》等記，不啻百種。括其大意，則皆一女遊園，一生窺而悅之，遂約為夫婦，其後及第而歸，即成好合，皆徒撰詭名，絕無古事可考，且意俱相同，毫無可喜，徒創此以導邪。

近來各鄉從前質樸者，因演戲而習冶容矣。聞某村演戲，席罷之後，婦女逐優人而去矣；又見有嗜戲之家，處子懷孕，淫亂非常矣……然鄉村信神，咸矯誣其說，謂不以戲為禱，則居民難免疾病，商賈必值風濤，是以莫能禁之。

故事的公式化，遊園、定情、及第、好合四個段落，以及第為必然的中心，正是反映這個時代和這個時代人的趣味。浙江紹興一城就聚有這類伶人至數千人之多。劉宗周《與張太符太守書》：

梨園之為天下病，不能更僕數，雖三尺童子知之，而於吾越為獨甚。斗大一城，屯擁數千人，夜聚曉散，日耗千金，養奸誨盜，且挾宦家之勢以陵齊民，官司不敢問。

伶人服飾至有值千金以上者。甚至在崇禎十四年（一六四一年）吳中奇荒之後，仍大規模演戲。徐樹丕說：

辛巳奇荒之後……而優人鮮衣美食，橫行里中，人家做戲一本，費至十餘金，而諸優猶悵悵嫌少。甚至有乘馬者，乘輿者，在戲房索人參湯者，種種惡狀。然必有鄉紳主之，人家惴惴奉之，得一日無事，便為厚幸矣。

業餘消遣的，東南到處多有，浙江各地稱為戲文子弟。陸容說：

嘉興之海鹽，紹興之餘姚，寧波之慈溪，臺之黃岩，溫州之永嘉，皆有習為倡優者，名曰戲文子弟，雖良家子不恥為之。其扮演傳奇，無一事無婦人，無一事不哭，令人聞之，易生悽慘，此蓋南宋亡國之音也。其贗為婦人者名妝旦，柔聲緩步，作夾拜態，往往逼真。

江西則有永豐腔。唐順之說：

永豐又素善為優，閭里浸淫傳習，謂永豐腔。使民淫於欲而匱於財。

貴家戲社則由巨家家優排演，供私人欣賞，角色俱經精選。陳懋仁說：

優伶媚趣者，不吝高價，豪奢家攘而有之，蟬鬟傅粉，日以為常。

明末最著者為山陰張家和桐城阮家。山陰張家從萬曆時理學名臣張元忭起，到張岱三世都以聲伎著名，張岱自述：

> 我家聲伎，前世無之。自大父於萬曆年間，與范長白、鄒愚公、黃貞父、包涵所諸先生講此道，遂破天荒為之。有可餐班……次則武陵班……再次則梯仙班……再次則吳郡班……再次則蘇小小班……再次則平苑茂子班。主人解事日精一日，而傒僮技藝，亦愈出愈奇。

張岱自己也工於妙解音律，工於填詞度曲。傒僮到其家，至謂之「過劍門」。曲中經其一顧，聲價十倍。阮大鋮則是明末最負盛名的戲曲作家，他的家伎的表演，名震一時。張岱說：

> 阮圓海家優美講關目，講情理，講筋節，與他班孟浪不同。然其所打院本又皆主人自製，筆筆勾勒，苦心畫出，與他班鹵莽者又不同。故所搬演本本出色，腳腳出色，出出出色，句句出色，字字出色。

這一般鄉紳不但譜製劇曲，蓄優自娛，並能自己度曲，厭倒伶工。沈德符記：

> 近年士大夫享太平之樂，以其聰明，寄之剩技。吳中縉紳，留意音律，如太倉張工部新、吳江沈吏部璟、無錫吳進士澄時俱工度曲，每廣座命伎，即老優名倡俱逡遽失措，真不減江東公瑾。

假如把明代的劇作家的身分做一個統計，將發現大部分是屬於本文所說的這一階級，主要的如朱權、丘濬、王世貞、汪道昆、梁辰魚、湯顯祖、陸采、張鳳翼、梅鼎祚、屠隆、李玉、阮大鋮……除第一個是親王外，其他的全是進士，官階從內閣大學士到縣令。假如再和元曲的作家相比，則將發現元曲的作者大多數是平民和吏胥，而明代傳奇的作者則大半是文人達官。

這一對比的事實，從平民的藝術轉變為貴族的藝術（文辭之細膩佳麗，故事題材之從日常生活轉變為科名團圓），也正是這整個時代的趨勢的說明。

仕宦階級的另一種娛樂是賭博。縉紳士大夫至以賭博為風流，隨便舉幾個例子，如祝允明：

> 長洲祝允明好酒色方博。

皇甫沖：

> 長洲皇甫沖博綜群籍，通挾丸擊球音樂博弈之戲，吳中輕俠少年咸推服之。

何士璧：

> 福清何士璧跅跑放跡，使酒縱博。

韓上桂：

萬曆間，韓上桂為詩多倚待急就，方與人縱談大噱，呼號飲博，探題立就，斐然可觀。

最通行的賭博有兩種，一種是馬吊，始行於天啟中。顧亭林說：

萬曆之末，太平無事，士大夫無所用心，間有相從賭博者。至天啟中始行馬吊之戲，而今之朝士若江南、山東幾於無人不為此。有如韋昭論所云：窮日盡明，繼以脂燭，人事曠而不修，賓旅闕而不接。

其發展自南而北，申涵光說：

賭真市井事，而士大夫往往好之。至近日馬吊牌，始於南中，漸延都下，窮日累夜，紛然若狂。問之，皆云極有趣。吾第見廢時失事，勞精耗財，每一場畢，冒冒然目昏體憊，不知其趣安在也？

另一種是葉子戲，源於小說《水滸傳》，以政府所出緝捕水滸群盜賞格數目及所指名之人圖形博勝負，名為鬥葉子，成化英宗時即已盛行於東南。陸容記：

鬥葉子戲，吾昆城上至士夫，下至童豎皆能之。予遊昆庠八年，獨不解此，人以拙嗤之。

近得閱其形制，一錢至九錢各一葉，一百至九百各一葉。自萬貫以上皆圖人形，萬萬貫呼保義宋江，千萬貫行者武松，百萬貫阮小五，九十萬貫活閻羅阮小七，八十萬貫混江龍李進，七十萬貫病尉遲孫立，六十萬貫鐵鞭呼延綽，五十萬貫花和尚魯智深，四十萬貫賽關索王雄，三十萬貫青面獸楊志，二十萬貫一丈青張橫，九萬貫插翅虎雷橫，八萬貫急先鋒索超，六萬貫混江龍李海，五萬貫黑旋風李逵，四萬貫小旋風柴進，三萬貫大刀關勝，二萬貫小李廣花榮，一萬貫浪子燕青，或謂賭博以勝人為強，故葉子所鬥皆才力絕倫之人。非也。蓋宋江等皆大盜，詳見《宣和遺事》及《癸辛雜識》。

作此者蓋以賭博為群盜劫奪之行，故以此警世。而人為利所迷，不自悟耳。記此庶吾後之人，知所以自重云。

到萬曆末年，成為民間最流行的賭博，進士甚至有「以不工賭博為恥」的情形。內容又小變，有「闖」，有「獻」，有「大順」三牌。吳偉業說：

萬曆末年，民間好葉子戲，圖趙宋時山東群盜姓名於牌而鬥之，至崇禎時大盛。有曰闖，有曰獻，有曰大順。初不知所自起，後皆驗。

舉國上下，都淫於賭博，結果如沈德符所說：

> 今天下賭博盛行。其始失貨財，甚則鬻田宅，又甚則為穿窬，浸成大夥劫賊。蓋因本朝法輕，愚民易犯。

崇禎流寇四起，都自立名號，賭慣了葉子戲的就以葉子戲上最膾炙人口的綽號自名，闖、大順之外，如闖塌天、立地王、一堵牆、曹操、老回回之類，大體上都是從葉子戲上的綽號演變而來的。

除狎妓、捧戲子、賭博這一類事以外，自命風流或附庸風雅的人，則進而搜集古董書畫，沾沾自喜，號為「收藏家」。明代前期稱這一類人為「愛清」。陸容說：

> 京師人家能蓄書畫及諸玩器盆景花木之類，輒謂之愛清。蓋其治此，大率欲招致朝紳之好事者往來，壯觀門戶。甚至投人所好，而浸

潤以行其私，溺於所好者不悟也。

嘉靖以後，此風大盛，巧取豪奪，無所不至。沈德符說：

嘉靖末年，海內宴安。士大夫富厚者，以治園亭教歌舞之隙，間及古玩。如吳中吳文恪之孫，溧陽史尚寶之子，皆世藏珍秘，不假外索。延陵則稽太史應科，云間則朱太史大韶，攜李項太學，錫山安太學、葉戶部輩不吝重貲收購，名播江南。

南都則姚太史汝循、胡太史汝嘉亦稱好事。若輦下則此風稍遜，惟分宜相國父子（嚴嵩、嚴世蕃），朱成公兄弟（朱希孝、朱希忠），並以將相當途，富貴盈溢，旁及雅道，於是嚴以勢劫，朱以貨取，所蓄幾及天府。張江陵（居正）當國亦有此嗜。董其昌最後起名亦最重，人以法眼歸之。

嚴家籍沒後，抄沒清單中有石刻法帖三百五十八冊軸，古今名畫緙絲納紗紙金繡子卷冊共三千二百零一軸，這些書畫的內容和源流都具見於文嘉的《鈐山堂書畫記》。內中有宋張擇端《清明上河圖》一畫，據李東陽《懷麓堂集》、王世貞《弇州山人四部續稿》、田藝蘅《留青日札》和《鈐山堂書畫記》、錢謙益《初學集》等書的記載，此圖的主人有宜興徐氏（溥）、西涯李氏（東陽）、陳湖陸氏、崑山顧氏（懋宏）、袁州嚴氏（嵩）、內府、嘉禾譚梁生等主人。

徐、李、嚴三家都是宰輔，陸、顧則為世族。由此可見這時代這風氣之盛！可是從學術的立場看，這時代人對於古物的態度只是一種玩意、珍寶，收藏的風氣雖盛，研究的成績像兩宋的《集古錄》《金石錄》《鐘鼎彝器款識》《東觀餘論》《隸釋》，講形制，講花紋，究文字，正史實的著作，卻一部也沒有。

金石學、考古學的成為專學，直需等到下一個對明學反動的清代，在學術史上虛過三百年，真是值得今人惋惜的一件事。勉強地說，這時代人對金石學的貢獻，是搜集和保存古物，供給下一代人研究的基礎。

他們另外一種興趣是刻書。由於上文所說「書帕」的需要，外任或出使官進京時的人情或賄賂都以新刻書為貴，於是各地競相刻書，各官競相刻書，刻前人著作，刻經史，刻本朝人著作，刻自己著作，刻叢書，刻類書。書籍數量的陡增和普遍，可說是這時代對於近代文化的一大貢獻。

我們試讀明初宋濂的《送東陽馬生序》，可知元末明初這一段時期書籍是如何缺乏、如何難得。這種情形直到正德末年還是無大進步。

顧亭林說：

> 其時天下惟王府官司及建寧書坊乃有刻板，其流布於人間者，不過「四書」「五經」《通鑑》《性理》諸書，他書即有刻者，亦非好古之家不蓄。

到正德以後，隨吏治風氣之日壞而刻書日益增多，刻工印刷日益壞，所刻書日益濫，內容蕪陋，災梨禍棗。嘉靖時，唐順之至大聲疾呼抨擊此等陋習，他指出當代文集之多而濫說：

僕居閒偶想起宇宙間有一二事，人人見慣，而絕是可笑者。其屠沽細人有一碗飯吃，其死後則必有一篇墓誌。其達官貴人與中科第人稍有名目在世間者，其死後則必有一部詩文刻集。如生而飲食，死而棺槨之不可缺者，皆不久泯滅。然其往者滅矣，而在者尚滿屋也。若皆存世間，即使以大地為架子，亦安頓不下矣。此等文字，倘家藏人畜者，盡舉祖龍手段作用一番，則南山竹木煤炭當盡減價矣。可笑可笑！

他又說：

居常以刻文字為無廉恥之一節，若使吾身後有閒人做此業障，則非吾敢知。至於自家子弟，則須有遺囑說破此意，不欲其做此業障也。

又說：

今世所謂文集者，遍滿世間，不為少矣，其實一字無用。彼其初做者，莫不妄意於不朽之圖，而適足以自彰其陋，以取誚於觀者，亦可謂木災而已。

可惜他身後仍然有閒人替他刻文集，刻雜著，做此業障！其實不但是文集之多而濫而已，叢書、類書也一樣。刻書到無新書可刻，而又非新書不夠炫耀，不夠送「禮」時，只好偷工減料，雜抄、類書應市。或者取巧，竊取已刻叢書，截足去腕，改頭換面，偽造作者和書名，作為一新叢書面世。欺世盜名，貽誤學者，明代後期刻書之草率，和類書、叢書之餖飣瓜剖，惡劣萬狀，原因就在於此。

再就現存的明人文集而論明代的文學，明初的一些文人，如宋濂所說到底還是曾經鑽研經史，博讀子集，學有根底的。自科舉興而開始有不讀書的風氣，士子除「四書」以外，不讀他書。到中期王世貞、李攀龍反抗這潮流，提倡復古，不讀唐以後書，唐以前的書，《史》《漢》諸子還是非讀不可的。

到後期三袁（袁宗道、袁宏道、袁中道）、鍾惺、譚元春力反王李之說，遍主唐宋，文壇上有公安體、竟陵體之目，卻索性唐以前也不讀，唐以後亦不讀，空疏之上加上淺薄，矯揉造作，模仿晉人語調，造一二雋語，今人名之為小品文。其弊正如禪宗不立文字，白癡村夫只要會一兩句口頭禪，會喝會打，便可自命禪學，機鋒。這是八股制度所產生的機鋒文學，也是亡國文學。

由於鄉里的、同年的、同門的觀念，在政治上也因之而分黨立派，鄉誼重而國事輕，年誼重而是非亂。談遷說：

萬曆末朝士分黨，競立門戶。有東林之黨，無錫顧憲成、高攀龍，金壇於玉立等廢居講學，立東林書院，而常、鎮人附之。有崑山之黨，則顧天峻及湘潭李勝芳，蘇人附之。有四明之黨，則沈一貫，浙人附之。有宣城之黨，則湯賓尹，而寧國、太平人附之。有江右之黨，則鄒元標。有關中之黨，則馮從吾，各同省人附之。馮嘗督學山西，則山、陝合。馮、鄒又講學相善，又江右、山、陝合也。閩、楚、粵、蜀遠不具論。庚戌大計，江右淮撫李三才庇東林而諸黨左矣。時攻東林俱見罪，四明至楚粵無一人臺省者。

天啟初東林獨盛，起鄒元標，而江右亦東林也。江夏熊廷弼原江右籍，楚東林也，福清葉白高、歸德侯執躬秉政，天下咸奔走焉，仕途捷徑，非東林不靈，波及諸生，如復社、幾社不一而足，家馳人鶩，恐漢末標榜不是過也。

大致地說，可以分為東林和非東林兩派：

萬曆三十八年（一六一〇年）……先是南北言官群擊李三才、王元翰，連及里居顧憲成，謂之東林黨。而祭酒湯賓尹、諭德顧天　各收召朋徒，干預時政，謂之宣黨、崑黨，以賓尹宣城人，天峻崑山人也。御史徐兆魁、喬應甲、劉國縉、鄭繼芳、劉光復、房壯麗，給事中王紹徽、朱一桂、姚宗文、徐紹吉、周永春輩則力挑東林，與賓尹、天　聲勢相倚，大臣多畏避之。

非東林系統複雜，即東林亦以地分左右：

東林中又各以地分左右，魏大中嘗駁蘇松巡撫王象恒恤典，山東人居言路者咸怒。及駁浙江巡撫劉一焜，江西人亦大怒。

東林黨人多名儒學者，以講學相高，其意見往往可左右政治。非東林則多不為物論所予，為東林所攻擊，窘而附於內廷的閹宦，由此又成為外廷的清流和內廷的閹人爭奪政權的局面。兩方互相排擠攻擊，爭門戶，爭封疆，爭「三案」，爭京察，不勝則糾紛錯雜，不可究詰，這一派上臺，那一派下野，此伏彼起，只圖顧全鄉誼年誼，置國家利害於不顧。這一階級是大明帝國政權的基礎，基礎崩潰，所建設的政權自然也就瓦解了。

年輕一點的舉、貢、生員，貴家公子，受了上一代分黨立派的刺激，則組織文社，自相標榜，以為名高。顧公燮說：

文社始於天啟甲子（一六二四年）張天如等之應社……推大訖於四海。於是有廣應社、復社。雲間有幾社，浙江有聞社，江北有南社，江西有則社。又有歷亭席社，昆陽雲簪社。而吳門別有羽朋社，武林有讀書社。山左有大社。僉會於吳，統於復社。

其學風好糅雜莊老，混合儒釋，顧亭林說：

當萬曆之末，士子好新說，以莊老百家之言，竄入經義，甚者合佛老與儒為一，自謂千載絕學。

空談性命，不切實際。有講求經世實用之學者則共目為迂，為疏，為腐。陶奭齡說：

士大夫膏肓之病，只是一俗。世有稍自脫者，即共命之為迂為疏為俗。於是一入仕途，即相師相仿，以求入於俗而後已。如相率而飲狂泉，亦可悲矣。

以抨擊剿襲為能事，一書新出，即有一書譏評之，詩文則仿效時賢，亦步亦趨，了無生氣。黃宗羲譏為學罵，他說：

昔之學者學道也，今之學者學罵也。矜氣節者則罵為標榜，志經世家則罵為功利，讀書作文者則罵為玩物喪志，留心政事者則罵為俗吏，接庸僧數輩則罵考亭為不足學矣，讀艾千子定待之尾則罵象山、陽明為禪學矣，濂溪之主靜則曰盤桓於腔子中者也，洛下之持敬則曰是有方所之學也。遜志罵其學誤主，東林罵其黨亡國，相訟不決，以後息者為勝。

這上下兩代人有四字寶訣，在登政府時應用，曰調停，曰作用。于慎行說：

近世士大夫有四字寶訣，自謂救時良方，不知乃其膏肓之疾也。進退人才用調停二字，區畫政機用作用二字，此非聖賢之教也。夫賢則進，否則捨，何假調停？政可則行，不可則止，何煩作用？君子以調停為名，而小人之朋比者托焉；君子以作用為方，而小人之彌縫者借焉，四字不除，太平不可興也。

甚至以留心國事為多言多事：

編修倪元璐屢疏爭時事。同鄉前輩來宗道謂曰：渠何事多言！吾詞林故事，惟香茗耳。時謂宗道清客宰相云。

又有三法，謝肇淛說：

> 今之仕者，為郡縣則假條議以濟其貪，任京職則假建言以文其短，居里閈則假道學以行其私。舉世之無學術事功，三者壞之也。

我們可以學他的話說：明代之無學術事功，是由於這個特殊的社會重心，這個特殊的新仕宦階級所構成的社會風氣和制度。由於這種風氣和制度所造成的人生哲學是讀書取科第，做官要貪污，居鄉為土豪。學術不能療貧，事功不能致富，則此時代之無學術事功，正是此時代之本色。何怪之有！

權傾一時的廠公魏忠賢

（一）生祠

替活人蓋祠堂叫作生祠，大概是從哪一個時代父母官「自動」請老百姓替他立長生祿位而擴大之的。單有牌位不過癮，進一步而有畫像，後來連畫像也不夠格了，進而為塑像。有了畫像塑像自然得有宮殿，金碧輝煌，初一十五文武官員一齊來朝拜，文東武西，環珮鏗鏘，口中念念有詞，好不風光，好不威武。

歷史上生祠蓋得最多的是魏忠賢，蓋得最漂亮的是魏忠賢的生祠，蓋得最起勁的是魏忠賢的乾兒子、乾孫子、乾曾孫子、重孫子、灰孫子。

據《明史．魏忠賢傳》說，天啟六年（一六二六年）魏忠賢大殺反對黨，周起元、高攀龍、周宗建、繆昌期、周順昌、黃尊素、李應昇一些東林黨人一網打盡之後，修《三朝要典》（《東林罪狀錄》），立「東林黨人碑」之後，浙江巡撫潘汝楨奏請為忠賢建祠。跟著是一大堆官歌頌功德。於是督撫大吏閻鳴泰、劉詔、李精白、姚宗文等搶先建立生祠。風氣一成，連軍人、做買賣的流氓棍徒都跟著來了，造成一陣建祠熱，而且互相比賽，越富麗越好。地皮有的是，隨便圈老百姓的，材料也不愁，砍老百姓的。接著道統論也被提起了，監生陸萬齡建議以魏忠賢配享孔子，忠賢的父親配享啟聖公。有誰敢說個不字？

當潘汝楨請建生祠的奏本到達朝廷後，御史劉之待簽名遲了一天，立刻革職。蘇州道胡士容不識相，沒有附和請求，遵化道耿如杞入生祠沒有致最敬禮——下拜，都被下獄判死刑。

據《明史．閻鳴泰傳》，建生祠最多的是少師兼太子太師、兵部尚書閻鳴泰，在薊遼一帶建了七所。在頌文裡有「民心歸依，即天心向順」的話。

潘汝楨所建忠賢生祠，在杭州西湖，朝廷賜名普德。

天啟六年（一六二六年）十月，孝陵衛指揮李士才建忠賢生祠於南京。

次年正月，宣大總督張朴、宣府巡撫秦士文、宣大巡按張素養建祠於宣府和大同。應天巡撫毛一鷺、巡按王拱建祠於虎丘。

二月，閻鳴泰又和順天巡撫劉詔、巡按倪文煥建祠於景忠山。宣大總督張朴又和大同巡撫王點、巡按張素養在大同建立第二個生祠。

三月，閻鳴泰又和劉詔、倪文煥、巡按御史梁夢環建祠於西密雲丫髻山，又建於昌平、於通州。太僕寺卿何宗聖建於房山。

四月，閻鳴泰和巡撫袁崇煥建祠於寧前。張朴和山西巡撫曹爾禎、巡按劉弘光又建於五臺山。庶起士李若琳建於蕃育署，工部郎中曾國禎建於盧溝橋。

五月，通政司經歷孫如洌、順天府尹李春茂建祠於宣武門外，巡撫朱童蒙建於延綏，巡視五城御史黃憲卿、王大年、汪若極、張樞智建於順天，戶部主事張化愚建於崇文門外，武清侯李誠銘建於藥王廟，保定侯梁世勳建於五軍營、大教場，登萊巡撫李嵩、山東巡撫李精白建於蓬萊閣宣海院，督餉尚書黃運泰、保定巡撫張鳳翼、提督學政李蕃、順天巡按倪文煥建於河間、於天津，河南巡撫郭增光、巡按鮑奇謨建於開封，上林監丞張永祚建於良牧嘉蔬林衡三署，博平侯郭振明建於都督府、於錦衣衛。

六月，總漕尚書郭尚友建祠於淮安。順天巡按盧承欽、山東巡按黃憲卿、順天巡按卓邁，也在六月分別在順天、山東建祠。

七月，長蘆巡鹽龔萃肅、淮揚巡鹽許其孝、應天巡按宋禎漢、陝西巡按莊謙建祠於長蘆、淮揚、應天、陝西等地。

八月，總河李從心、總漕郭尚友、山東巡撫李精白、巡按黃憲卿、巡漕何可及建祠於濟寧。湖廣巡撫姚宗文、鄖陽撫治梁應澤、湖廣巡按溫皋謨建祠於武昌、於承天、於均州。三邊總督史永安、陝西巡按胡建晏、巡按莊謙、袁鯨建於固原大白山，楚王朱華奎建於高觀山，山西巡撫牟志夔、巡按李燦然、劉弘光建於河東。

踴躍修建的官員，從朝官到外官，從文官到武官，從大官到小官，到親王勳爵、治河官、賣鹽官，沒有一個不爭先恐後，統一建生祠。

建立的地點從都城到省城，到名山，甚至都督府、錦衣衛、五軍營等軍事衙門，蓄育署、上林監等宮廷衙門，甚至建立到皇城東街。只要替魏忠賢建生祠，沒有誰可以攔阻。

每一祠的建立費用，多的要數十萬兩銀子，少的也要幾萬兩，合起今天的紙幣要以多少億計。

開封建祠的時候，地方不夠大，毀了民房二千多間，用滲金塑像。

都城幾十里的地面，到處是生祠。上林苑一地就有四個。

延綏生祠用琉璃瓦，蘇州生祠金像用冕旒。南昌建生祠，毀周程三賢祠，出賣澹臺滅明祠作經費。

督餉尚書黃運泰迎像，用五拜三稽首禮，立像後，又率文武將吏列階下五拜三稽首。再到像前祝告，某事幸虧九千歲（這些魏忠賢的黨羽子孫稱皇帝為萬歲，忠賢九千歲）扶持，行一套禮，又某事蒙九千歲提拔，又行一套禮。退還本位以後，再行大禮。又特派游擊將軍一人守祠，以後凡建祠的都依例派專官看守。

國子監生（大學生）陸萬齡以孔子作春秋，忠賢作要典，孔子殺少正卯，忠賢殺東林黨人，應在國學西建生祠和先聖並尊。這簡直是孔子再世，道統重光了。國子司業（大學校長）朱之俊接受了這意見，正預備動工，不湊巧天啟皇帝駕崩，政局一變，魏忠賢一下子從雲端跌下來了。

崇禎帝即位，魏忠賢自殺。崇禎二年（一六二九年）三月定逆案，全國魏忠賢生祠都拆毀，建生祠的官員也列名逆案，依法處刑。

《三朝要典》的原刻本在北平很容易見到，印得非常考究，大有翻印影印流傳的必要。

魏忠賢的辦公處東廠，原來叫東廠胡同，從沙灘一轉彎便是。近來改為東昌胡同了，不知是敵偽改的，還是最近改的。其實何必呢？魏忠賢之臭，六君子的血，留著這個名詞讓北平（北京）市民多想想也是好的。

（二）義子乾孫

魏忠賢不大識字，智力也極平常。他之所以能弄權，第一私通熹宗的奶媽客氏，宮中有內線。熹宗聽客氏的話，忠賢就可以為所欲為。第二是熹宗庸騃，十足的阿斗，凡事聽憑忠賢作主張。

光是這兩點，也不過和前朝的劉瑾、馮保一樣，還不至於起黨獄，開黑名單，建生祠，稱九千歲，鬧得民窮財盡，天翻地覆。原因是：第一，政府在他手上，首相次相不但和他合作，魏廣微還和這位太監攀通家，送情報，居然題為內閣家報。其二是，他有政權，就能養活一批官，反正官爵都出於朝廷，俸祿都出於國庫。凡要官者入我門來，於是政權軍權合一，內廷外廷合一。魏忠賢的威權不但超過過去任何一個宦官，也超過任何一個權相，甚至皇帝。

《明史》說，內外大權，一歸忠賢。內監（宦官）自王體乾等外，又有李朝欽、王朝輔、孫進、王國泰、梁棟等三十餘人為「左右擁護」。外廷文臣則崔呈秀、田吉、吳淳夫、李夔龍、倪文煥主謀議，號「五虎」。武臣則田爾耕、許顯純、孫雲鶴、楊寰、崔應元主殺戮，號「五彪」。又吏部尚書周應秋、太僕卿曹欽程等號「十狗」。又有「十孩兒」「四十孫」之號。而為呈秀輩門下者又不可數計。

「虎」「彪」「狗」都是魏忠賢的義子。舉例說，崔呈秀在天啟初年巡按淮揚，貪污狡獪，不修士行，看見東林正紅得發紫，想盡方法要擠進去，被拒不納。四年還朝，都察院都御史高攀龍盡列他在淮揚的貪污條款，提出彈劾。吏部尚書趙南星批定充軍處分。朝命革職查辦。

呈秀急了，半夜裡到魏忠賢家叩頭乞哀，求為養子。結果呈秀不但復職，而且升官，不但升官，而且成為忠賢的謀主，殘殺東林的劊子手了。兩年後做到兵部尚書兼都察院左都御史。兒子不曾做文也中了舉，兄弟做浙江總兵官，女婿呢，吏部主事，連姨太太的兄弟、唱小旦的也做了密雲參將。

其他四「虎」——吳淳夫是工部尚書，田吉兵部尚書，倪文煥太常卿，李夔龍副都御史——都是呈秀拉纖拜在忠賢門下當義子的。

「十狗」中如曹欽程，《明史》本傳說：「由座主馮銓父事魏忠賢為十狗之一。於群小中尤無恥，日夜走忠賢門，卑諂無所不至，同類頗羞稱之。」

到後來，連魏忠賢也不喜歡他了，責以敗群革職，可是此狗在被趕出門時，還向忠賢叩頭說：「君臣之義已絕，父子之恩難忘。」大哭一場而去。

忠賢死後，曹欽程被處死刑，關在牢裡等行刑。日子久了，家人也厭煩，不給送飯。他居然有本領搶別人的牢飯，成天醉飽。李自成陷北京，破獄出降。自成失敗西走，此狗也跟著，不知所終。

「十孩兒」中有個石三畏，鬧了個不大不小的笑話。有一天某貴戚請吃飯，在座的有魏忠賢的侄兒魏良卿。三畏喝醉，點戲點了《劉瑾醉酒》，犯了忌諱。忠賢大怒，立刻革職回籍。忠賢死後，他還借此復官，到頭還是被彈劾免職。這一群虎狗彪兒孫細按本傳，有一個共通的特徵，幾乎沒有一個不是貪官污吏。

例外的也有：如造《點將錄》的王紹徽，早年「居官強執，頗以清操聞」。還有作《春燈謎》《燕子箋》，文采風流、和左光斗諸人交遊的阮大鋮，和葉向高同年友好的劉志選，以及《玉芝堂談薈》作者的周應秋，都肩著當時「社會賢達」的招牌，頗有名氣的，只是利慾薰心，想做官，想做大官，要做官迷得發了瘋，一百八十度一個大轉彎，拜在魏忠賢膝下，終至身敗名裂，在《明史》裡列名閹黨傳。

阮大鋮在崇禎朝寂寞了十幾年，還在南京冒充東林，附庸風雅，千方百計要證明他是東林，千方百計要洗去他當魏璫乾兒的污漬，結果被一批年輕氣盛的東林子弟出了留都防亂揭，「鳴鼓而攻之」，落得一場沒趣。孔雲亭的《桃花扇》真是妙筆奇文，到今天讀了，還覺得這副嘴臉很熟，「如」聞其聲，「如」見其人。

(三) 黑名單

黑名單也是古已有之的，著例還是魏忠賢時代。《明史．魏忠賢傳》說：「天啟四年（一六二四年）忠賢用崔呈秀為御史。呈秀造天監同志諸錄，王紹徽小造《點將錄》，皆以鄒元標、顧憲成、葉向高、劉一憬等為魁，盡羅入不附忠賢者，號曰東林黨人，獻於忠賢。忠賢喜。於是群小益求媚忠賢，攘臂攻東林矣。」

替魏忠賢造名單的，有魏廣微、顧秉謙，都是大學士（宰相）。名單有黑紅兩種，《明史．顧秉謙傳》說：

「廣微和秉謙謀，盡逐諸正人，點縉紳便覽一冊，如葉向高、韓爌、何如寵、成基命、繆昌期、姚希孟、陳子壯、侯恪、趙南星、高攀龍、喬允昇、李邦華、鄭三俊、楊漣、左光斗、魏大中、黃尊素、周宗廷、李應昇等百餘人目為邪黨，而以黃克纘、王永光、徐大化、賈繼春、霍維華等六十餘人為正人。由閹人王朝用進之，俾據是為黜陟。忠賢得內閣為羽翼，勢益張。秉謙、廣微亦曲奉忠賢，若奴役然。」

《縉紳便覽》是當時坊間出版的朝官人名錄。魏廣微、顧秉謙根據這名單來點出正人邪人，必定是用兩種顏色，以今例古，必定是紅黑兩種顏色，是可以斷言的。

崔呈秀比這兩位宰相更進一步，抄了兩份。一份是《同志錄》，專記東林黨人，是該殺該關該革職該充軍的。另一份是《天鑑錄》，是東林的仇人，也就是反東林的健將，是自己人。據《明史．崔呈秀傳》說：「忠賢憑以黜陟，善類為一空。」

《明史．曹欽程傳附盧承欽傳》：

「承欽又向政府提出，東林自顧憲成、李三才、趙南星而外，如王圖、高攀龍等謂之副帥，曹於汴、湯兆京、史記事、魏大中、袁化中謂之先鋒，丁元薦、沈正宗、李朴、賀幀謂之敢死軍人，孫丕揚、鄒元標謂之土木魔神，請以黨人姓名榜示海內。忠賢大喜，敕所司刊籍，凡黨人已罪未罪者悉編名其中。」

這又更進一步了，不但把東林人列在黑名單上，而且還每人都給一個綽號、匪號。

王紹徽，魏忠賢用為吏部尚書，仿民間《水滸傳》，編東林一百零八人為《點將錄》獻上，令按名黜汰，以是越發為忠賢所喜。紹徽也名列《明史·閹黨傳》。

這幾種黑名單十五六年前都曾讀過，記得最後一種《點將錄》，李三才是托塔天王，黃尊素是智多星，每人都配上《水滸傳》裡的綽號，而且還分中軍左軍右軍，天罡地煞，很整齊。似乎還是影印本。可惜記憶力差了，再也記不起在什麼叢書中見到。可惜！可惜！

閹黨爪牙阮大鋮

阮圓海，名大鋮，安徽懷寧人，《明史》卷三百八《奸臣傳》有傳。

阮圓海的一生，可以分為若干時期。

第一時期聲華未著，依附同鄉清流東林重望左光斗，以為自重之計。

第二時期急於做官，為東林所擠，立刻投奔魏忠賢，拜在門下為乾兒，成為東林死敵。

第三時期東林黨人為魏閹所一網打盡，圓海的官也大了，和乾爹相處得很好，可是他絕頂聰明，看出場面要散，就預留地步，每次見乾爹，總花錢給門房買回名片。

第四時期，忠賢被殺，閹黨失勢，他立刻反咬一口，清算總帳，東林閹黨混同攻擊，可是結果還是掛名逆案，削官為民。崇禎一朝十七年，再也爬不起來。

第五時期，南方諸名士締盟結社，正在熱鬧，圓海也不甘寂寞，自托東林人物，談兵說劍，想借此翻身，不料惹了復社名士的公憤，出了留都防亂揭，指出他是魏璫乾兒，一棍打下去。

第六時期，北都傾覆，馬士英擁立弘光帝，圓海又勾上馬士英，重翻舊案，排斥東林，屠死端士，重新引起黨案，招引逆案人物，組織特務，準備把正人君子一網打盡。朝政濁亂，賄賂公行，鬧到「職方賤如狗，都督滿街走」（職方有點像現在的軍政部軍政司長，都督相當於總司令），把南京政權斷送了。

第七時期清兵南下，圓海叩馬乞降，終為清軍所殺。

總算圓海一生，前後七變，變來變去，都是從左到右，從右到左，明末三十年是東林黨和閹黨對立，一起一伏，互相傾軋排陷，變幻莫測，陸離光怪的時代，圓海算是經過所有的風波，用左制右，附右排左，有時不左不右，自命中立，有時不管左右，一味亂咬，有時以東林孽子的道貌求哀於正人，有時又以魏瑠乾兒的色相求援於閹寺，「有奶便是娘，無官不可做。」於是扶之搖之，魏瑠時代他做到太常少卿，馬士英時代他做到兵部尚書兼右副都御史。最後是做了降敵的國賊，原形畢露。

明末三十年黨爭黑暗面的代表是阮圓海，和阮圓海形跡相類的還有幾千百人。這一類人可名曰之阮圓海型。

三百年後的歷史和三百年前當然不同。最大的不同是如今是人民的世紀，黑白不但分明，而且有人民在裁判。然而，阮圓海型的正人君子們還是車載斗量，朝秦暮楚，南轅北轍，以清流之面目，作市儈之營生：一變兩變三變都已記在歷史上了，最後的一變將由人民來判決。

鬥來鬥去的黨爭

東林黨之爭是明朝末年歷史上的一個特徵。

首先應該明確這樣一個問題，歷史上所謂的「黨」，與我們今天所說的黨是兩回事，不能把歷史上所說的「黨」和今天的政黨混同起來。歷史上所說的黨並沒有什麼組織形式，參加哪個黨是沒有任何形式的，既不用交黨費，也沒有組織生活，更沒有黨章和黨綱，然而在歷史上又確實叫作黨。

歷史上所謂「黨」指的是什麼呢？是指政治見解大體相同的一些人的集團，也就是統治階級內部某些人無形的組合。

明朝的東林黨，它的情況大致是這樣：在江蘇無錫有個書院叫東林書院，這是一所學校。當時有兩個政府官員，叫顧憲成和顧允成，兩兄弟在北京做官的時候，由於他們的政治見解與當時的當權人物相抵觸，便辭官不做，回家後在東林書院講學。他們很有學問，在地方上聲望很高，為人也正派。如此，和他們意氣相投的人跟他們的來往便越來越多了。

不但在地方上，就是在北京，有一些官員跟他們的來往也很多。他們以講學為名，發表一些議論朝政的意見。這樣，從萬曆二十二年（一五九四年）開始，一直到明朝被推翻，前後五十年間，在明朝政治上形成了一批所謂東林黨人和另外一批反對東林黨的非東林黨人。非東林黨人後來形成齊（山東）、楚（湖北）、浙（浙江）三派，與東林黨爭論不休。

這五十年間，在幾件大事情上都有爭論。你主張這樣，他反對；他主張那樣，你反對。

黨爭中最早的一個問題，就是所謂「京察」問題。「京察」這兩個字大家都認識，但是不好懂。這是古代歷史上的一種制度，就是政府的官員經過一定的時期要考核，相當於現在的考勤考績。主持考勤考績的是吏部尚書、吏部侍郎（相當於現在的內務部部長、副部長），他們主管文官的登記、資格審查、成績考核及任免、升降、轉調、俸給、獎恤等事。當時考取進士以後，有一部分進士就被安排做科道官。

科就是六科給事中，道就是十三道御史。六科就是按照六部（吏、戶、禮、兵、刑、工）來分的，道是按照行政區劃來設置的。當時全國有十三個布政使司，設了十三道御史，譬如浙江道有浙江道御史。科道官都是監察官，當時叫作「言官」。他們本身沒有什麼工作，只是監察別人的工作，提出贊成的或者反對的意見。他們的任務就是說活，所以叫「言官」。每次「京察」，吏部提出某些人稱職，某些人不稱職。

一五九四年舉行「京察」的時候，就發生了爭論，這一部分人說這些人好，那一部分人說不好。凡是東林黨人說好的，非東林黨人一定說不好。爭論中摻雜著封建社會的鄉里（同鄉）關係，譬如齊、楚、浙就是鄉里關係。不管這件事情正確與否，只要是和我同鄉的人，都是對的。還有一種同門的關係，所謂同門就是指同一個老師教授的。不管事情本身怎麼樣，只要跟我是同學，就都是對的。

至於對親戚、朋友就更不用說了。就在這樣的封建關係組合之下，從一五九四年「京察」開始，各黨之間一直爭吵了五十年。

繼「京察」問題之後，接著發生了「國本之爭」，所謂「國本」就是國家的根本。我們今天說國家的根本就是人民，沒有人民就沒有國家。當時並沒有這樣的概念，那時候所謂「國本」是指皇帝的繼承人問題。

萬曆做了多年皇帝，按照過去的慣例，他應該立一個皇太子，以便他死後有一個法定的繼承人。可是他不喜歡他的大兒子，他所喜歡的是他的小老婆（鄭貴妃）生的兒子福王（之後封在河南洛陽），所以他就遲遲不立太子。有些大臣就鬧起來了，他們認為國家的根本很重要，也就是說第二代的皇帝很重要，應該早立太子。凡是提議立太子的，萬曆就不高興，他說：我還活著，你們忙什麼！如此，有人主張早立太子，有人反對立太子，便爭吵了起來，這就叫「國本之爭」。

接著又發生了一個案子叫「梃擊案」。

有一天早晨，突然有一個人跑到宮裡來見人就打，一直打到萬曆的大兒子那裡。當然，這個人馬上被逮住了。可是這裡有一個問題，是誰叫他到宮裡來打萬曆的大兒子的？當時有人懷疑是鄭貴妃指使的。這是宮廷問題，卻成了當時政治上的一個大問題，引起了爭吵，東林黨與非東林黨爭論不休。

萬曆做了四十八年皇帝，死了。他的大兒子繼位不到一個月又死了，怎麼死的呢？搞不清楚。據說他生病的時候，有一個醫生給他紅丸藥吃，吃了以後就死了。這樣就出現了一個問題，這個皇帝是不是被毒死的？是誰把他毒死的？因此又發生了所謂「紅丸案」，各個集團之間又爭吵了起來。

正在爭吵的時候，又面臨另外一個問題：就是這個只做了個把月的皇帝死了以後，他的兒子繼位，還沒成年。這個短命皇帝有個妃子李選侍，她住在正宮裡不肯搬出來。她有政治野心：想趁這個小孩兒做皇帝的機會把持朝政。這樣，又發生了爭論，有一些人出來罵她：你這個妃子怎麼能霸著正宮？逼著她搬出去了。

這個案件叫「移宮案」。京戲裡有一齣戲叫《二進宮》，就是講述這件事的，不過把時代改變了，把孫子的事情改成了祖父的事情。

「梃擊」「紅丸」「移宮」是當時三大案件，成為當時爭論最激烈的事件。在這樣的情況下，政治上出現了什麼現象呢？每一件事情發生後，這批人這種主張，那批人那種主張，爭論不休，整天給皇帝寫報告。到底誰對誰錯？從現在來看，東林黨與非東林黨之爭，一般地說，道理在東林黨方面。東林黨的道理多，非東林黨的道理少。

但是，東林黨是不是完全對呢？在某些問題上也不完全對。這樣爭來爭去，爭不出個是非來，結果只有爭論，缺乏行動，許多政治上該辦的事沒人去管了。後來造成這種現象：某些正派的官員提出他的主張，這個主張一提出來，馬上就有一批人來攻擊他，他就不能辦事，只好請求辭職。皇帝不知道這個人對不對，不做處理，把事情壓下來。這個官既不能辦事，辭職也辭不成，怎麼辦？乾脆自己回家。他回家以後政府也不管，結果這個官就空著沒人做。

到萬曆後期，政治紀律鬆懈到這樣的地步：哪個官受了攻擊就把官丟了回家，以至六部的很多部長都沒人做了。萬曆皇帝到晚年根本不接見臣下，差不多一二十年不跟大臣見面，把自己關在宮廷裡，什麼事情也不管，大臣們有事要跟他商量也見不著。政治腐化，紀律鬆懈，很多重要的問題得不到解決，卻專搞無原則的糾紛。大是大非沒人管了，成天糾纏在一些枝節問題上。

這種無休止的爭吵影響到一些重大的政治事件的發展。譬如日本侵略朝鮮，中國到底應不應該援助朝鮮，在這個問題上發生了爭論。後來還是派兵去支援了朝鮮，第一個時期打了勝仗，收復了平壤。後來又派兵去，由於麻痹大意，打了敗仗。

打了敗仗以後，朝廷裡又發生爭論了，主和派覺得和日本打仗沒有必要，支援朝鮮意義不大，不如放棄軍事手段，轉而採取政治策略來解決問題。他們主張把豐臣秀吉封為日本國王，並答應和他做買賣。歷史上封王叫作朝，做買賣叫作貢，所謂朝貢，說得通俗一點，就是你帶些物資來給我，我給你一些物資做交換。在這種情況下，明朝政府只好一面按照主戰派的主張，繼續派兵援助朝鮮，一面派人暗中往來日本進行和議。

後來明軍與朝鮮軍大敗日本侵略軍，日本願和了。明朝政府便按照主和派撤兵議和的主張，允許議和，並派人到日本去辦外交，封豐臣秀吉為國王。但日本國內本來已經有天皇，因此豐臣秀吉不接受王位，而且提出了很強硬的條件。結果外交失敗了，日軍重新侵略朝鮮。明朝政府只好再次出兵，最後打敗了日軍。由於追究外交失敗的責任，又引起了爭論。

萬曆死後，東林黨在政府做官的人越來越多。這時北京有一個「首善書院」（在北京宣武門內），在這裡講學的也是東林黨人。這些人在政治上提出意見時，非東林黨人就起來攻擊，要封閉這個書院。東林黨人當然反對封閉，這樣吵了二三十年。

這個爭論最後演變成什麼局面呢？當時萬曆皇帝的孫子熹宗（年號天啟，是崇禎皇帝的哥哥）很年輕、不懂事、一味貪玩，他寵信太監魏忠賢，軍事、政治各個方面都是太監當家，一些地主階級的知識分子由於在魏忠賢門下奔走而當了官。凡是屬於魏忠賢這一派的，歷史上稱為「閹黨」。閹黨裡面沒有什麼正派人，東林黨是反對閹黨的。因此，黨爭發展到這個時候，就變成了地主階級的知識分子與宦官的鬥爭，這個鬥爭影響到東北的軍事形勢。在萬曆以前，東北的建州女真已經壯大起來了，不斷進攻遼東，佔領了許多城市。到天啟時代，明朝防禦建州女真的軍事將領熊廷弼提出一系列的軍事上和政治上的主張，他認為與建州女真進行軍事鬥爭時，明朝軍隊不能退回到山海關以內，而應該在山海關以東建立軍事據點。

當時前方的另一個軍事將領叫王化貞，他不同意這個意見，他認為只能依靠山海關來據守。熊廷弼雖然是統帥，地位比王化貞高，但是沒有軍事實權，而王化貞得到了魏忠賢的支持。這樣，熊廷弼的正確意見因為得不到支持而不能貫徹，結果打了敗仗，王化貞跑回來了，熊廷弼也跑回來了，山海關以東的很多地方都丟了。北京震動，面臨著很嚴重的軍事危機，在這種情況下又發生了有關「封疆案」的爭論。各派追究這次失敗的責任，到底是熊廷弼的責任，還是王化貞的責任？

從當時的具體軍事形勢來看，熊廷弼是正確的，但他沒有軍隊來支持。王化貞有十幾萬軍隊，堅持錯誤的主張，因此王化貞應該負責。但是因為熊廷弼得罪了很多人，結果把這個責任推到他身上，把他殺了。很顯然，這樣的爭論和處理大大地影響了前方的軍事形勢。

「封疆案」以後，緊接就是魏忠賢對東林黨人的屠殺。因為一些在朝的東林黨人認為魏忠賢這樣胡搞不行，就向皇帝寫信控告他的罪惡。當時有楊漣等人列舉了他的二十四條罪狀，這些東林黨人的行為得到了其他官員的支援。這樣，東林黨和閹黨就面對面地鬥爭起來。由於魏忠賢軍權在握，又指揮了特務，而東林黨人缺乏這兩樣武器，結果大批的東林黨人被殺，當時被殺的有楊漣、左光斗、周順昌、黃尊素、繆昌期等。

其中周順昌在蘇州很有聲望，當特務逮捕他的時候，蘇州的老百姓紛紛站起來保護他。但最後，這次人民的鬥爭還是失敗了，人民吃了苦頭，周順昌被帶到北京殺害了。

熹宗死了以後，明朝最後的一個皇帝——崇禎皇帝比他哥哥清楚一點，他把魏忠賢這夥人收拾了，把一些閹黨分子都殺了（魏忠賢是自己上吊死的）。但是這場鬥爭是不是停止了呢？沒有停止，東林黨人跟魏忠賢的餘孽在崇禎十七年（一六四四年）的時候還在繼續鬥爭。

崇禎五年（一六三二年），一些東林黨人的後代跟與東林黨有關係的地方上的知識分子組織了一個團體，叫作「復社」，以後又有「幾社」，有大批青年知識分子參加。他們表面上是以文會友，寫文章、寫詩，是學術研究組織，實際上有政治內容。大家可能看過《桃花扇》這齣戲，這齣戲裡的侯朝宗、陳貞慧、吳應箕、冒辟疆四公子都是復社裡面的人。

當時李自成已經佔領了北京，崇禎上吊死了。這個消息傳到了南方，沒有皇帝怎麼辦？這時一些閹黨人物就想擁小福王（由崧）來做皇帝。原來萬曆把最喜歡的那個兒子福王（常洵）封在河南洛陽，這是老福王。這個人很壞，在他封到洛陽時，萬曆給他四萬頃土地，河南的土地不夠，還把鄰省的土地也給他，老百姓都恨透了他。

李自成進入洛陽以後，把老福王殺掉了，小福王由崧（這也不是個好東西）逃到南京。當時在南京掌握軍事實權的是過去和魏忠賢有關係的閹黨人物馬士英，替他出主意的也是一個閹黨分子，叫阮大鋮，他們把小福王抓到手中，把他捧出來做皇帝。可是政府裡面另外一批比較正派的人，像史可法、高弘圖、姜日廣等主張立潞王（常淓）做皇帝，這個人比較明白清楚。但馬士英他們捷足先登，硬把福王捧出來做了皇帝。這樣，在南京小朝廷裡又發生了東林黨與非東林黨之爭。

因為馬士英和阮大鋮是當權的，史可法被排擠，去鎮守揚州。在清軍南下的時候，史可法堅決抵抗，在揚州犧牲了。

馬士英和阮大鋮在南京搞得不像樣，清軍一步步逼近南京。這時候小福王在做什麼呢？在跟阮大鋮排戲。也就在這個時候，四公子就起來反對阮大鋮，他們出布告，揭露阮大鋮過去是魏忠賢的乾兒子，名譽很不好，做了很多壞事，不能讓他當權，號召大家起來反對他。南京國子監的學生也支持他們的主張，這樣就形成一次學生運動。侯朝宗這些人雖然得到廣大知識分子的支持，但是他們根本沒有實力，而馬士英、阮大鋮有軍事力量。結果有的人被逮捕，有的人跑掉了。不久之後，清軍佔領南京，小福王的政權也被消滅了。

黨爭從一五九四年開始，一直到一六四五年，始終沒有停止過，各派無論是在政治問題上，還是在軍事問題上，都爭論不休。這種爭論是什麼性質的呢？這是地主階級內部的矛盾。開始是東林黨和齊、楚、浙三黨之爭，後來演變為東林黨與閹黨之爭。

由於東林黨的主張在某些方面是有利於當時的生產發展的，因此他們得到了人民的支持。但是反過來說，所有的東林黨人都反對農民起義，這是他們的階級本質決定的。譬如史可法這個歷史人物，從他最後這段歷史來說是值得肯定的。那時候，清軍南下包圍揚州，他的軍事力量很薄弱，也得不到南京的支持，孤軍據守揚州，但他寧肯犧牲不肯投降。這是有民族氣節的人，也就是「有骨氣」。

我們中國人是有骨氣的，史可法就是這種有骨氣的代表人物。但是他以前的歷史就不好追究了，他以前幹過什麼呢？鎮壓農民起義。在階級鬥爭極為尖銳的時候，這些人的階級立場是極為堅定的，反對農民起義，鎮壓農民起義。即使在他抗拒清軍南下的時候，還要反對農民起義。有沒有同情農民起義呢？沒有，不可能要求統治者來同情被統治者的反抗。

對於這樣一段黨爭的歷史，要具體分析，具體研究。黨爭跟明朝的政治制度有關係。明太祖在洪武十三年（一三八〇年）取消了宰相，取消了中書省，搞了幾個機要秘書到內廷來辦事情。到明成祖時搞了個內閣，這是個政府機構。內閣的權力越來越大，代替了過去的宰相，雖然沒有宰相之名，但是有宰相之實。至於給皇帝個人辦事的也有秘書，就是在宮廷裡面設立一個機構，叫作「司禮監」。

這是一個內廷機構，不是政府機構。司禮監有一個秉筆太監，皇帝要看什麼政府報告，讓秉筆太監先看；皇帝要下什麼書面指示，也讓秉筆太監起稿。皇帝年紀大一些、知識多一些的，還能辨別是非，自己有主見。可是一些年輕的皇帝就十分糊塗，結果司禮監的秉筆太監就操縱政治，掌握了政權。因為用人和行政的權力都給了司禮監，結果形成了明朝後期的太監獨裁。

在明朝歷史上有很多壞太監，像明英宗時代的王振，明武宗時代的劉瑾，天啟時代的魏忠賢等。太監掌權的結果，就造成了政府與內廷之爭，也就是統治階級內部地主階級知識分子與太監爭奪政權的鬥爭。明朝後期五十年的東林黨之爭就是在這樣的背景之下進行的。

隨著太監權力的擴大，不但中央被他們控制了，地方也被他們控制了。洪武十三年（一三八〇年）以後，地方上設有三司（都指揮使司、布政使司、按察使司）。三司是各自獨立的，都受皇帝直接指揮。

到了永樂時代，當一個地區發生了軍事行動，像農民起義或其他的群眾鬥爭爆發的時候，這三個司往往意見不統一，各管各的。結果只好由中央政府派官員去管理這個地方的事，這個官叫巡撫。巡撫是政府官員，常常是由國防部副部長即兵部侍郎擔任。巡撫出去巡視各個地方，事情結束後就回來。可是由於到處發生農民戰爭和民族與民族之間的戰爭，這個官去了以後就回不來了，逐漸變成一個地方的常駐官。

因為巡撫是中央派去的，所以他的地位在三司之上。過去三司使是地方上最大的官，現在三司使上面又加了一個巡撫。但這能不能解決問題呢？還是不能解決問題。因為巡撫只能指揮這一個地區的軍事行動，比如浙江的巡撫就只能管浙江這一個地方。可是遇到軍事行動牽涉到幾個省的時候，這個巡撫就不能管了，於是又派比巡撫更高的官，即派國防部長——兵部尚書出去做總督，總督管幾個省或一個大省。有了總督之後，巡撫就變成第二等官了，三司的地位則更低了。

可是到了明朝後期，總督也管不了事。因為戰爭擴大了，農民戰爭和遼東的戰爭往往牽涉到五六個省。五六個省就有五六個總督，誰也管不了誰。結果只好派大學士出去做督師，總督也歸他管，這是一方面。

另一方面，明朝為了鎮壓各地人民的反抗，就派軍官到各地去鎮守，叫作總兵官，也就是總指揮。統治者對總兵官不放心，怕他搞鬼，因此總是派一個太監去監督，叫作監軍。哪個地方有總兵官，哪個地方就有監軍。監軍可以直接向皇帝寫報告，因為他是皇帝直接派出去的。因此，不但總兵官要聽他的話，就是像巡撫這一類的地方官也要聽他的話。這樣，就形成了中央和地方都是太監當家的局面，明朝的政治便變成太監的政治了。

此外，明朝的皇帝貪圖享受，為了滿足自己生活上的欲望，哪個地方收稅多就派一個太監去，哪個地方有礦藏也派一個太監去，叫作「稅使」「礦使」。全國的主要礦區，東北起遼東，西南到雲南，以及武漢、蘇州等大城市都有稅使、礦使搜刮民脂民膏。這些太監很不講道理，他們的任務就是弄錢。他們根本不懂得什麼礦，更不懂得怎麼開採，卻要開礦。只要聽說這個地方有金礦就要開，而且規定要在這裡開三百兩、五百兩。如果開不出來怎麼辦？就要這個地方的老百姓來賠。老百姓要反抗，他就說「你的房子下面有礦，把房子拆了開礦」。

稅使也很厲害。蘇州有很多機戶，紡織工人數量很大，他們要加稅，每一張織機要加多少錢。老百姓交不起就請願。請願也無任何作用，結果就起來反抗，把太監打死，形成市民暴動。蘇州市民暴動出了一個英雄人物，叫作葛賢，這個人後來被殺了。因為明朝政府要屠殺參加暴動的市民，他挺身出來頂住了。不僅在蘇州，在武漢、遼寧、雲南各個地方都發生了市民暴動。有的地方把太監趕跑了，有的地方把太監下面的人逮住殺了。市民暴動是明朝後期歷史的一個特徵。人民的生活日益困難，不但農民活不下去，城市工商業者也活不下去了，他們便起來反對暴政。

因此，當時一些比較有見解的政治家，就提出了一些主張，譬如大家知道的海瑞就是這樣。他提出了什麼主張呢？他做蘇州巡撫時，管理江蘇全省和安徽一部分。這個地區的土地情況怎樣呢？前面說到明朝初年土地比較分散，階級鬥爭比較緩和。可是一百多年以後，情況改變了，土地全部集中在大地主、大官僚的手中，而且越來越集中。就在海瑞所管轄的地區松江府，出了一個宰相叫徐階，他就是一個大地主，家裡有二十萬畝土地。土地都被大地主佔有，農民沒有土地，只能逃亡。土地過分集中的結果，使農民活不下去，階級矛盾越來越尖銳。

海瑞看出了問題，他想緩和這種情況。

當然，他不能也不知道採取革命的手段。他採取什麼辦法呢？他認為要解決人民的生活問題，要使人民不去搞武裝鬥爭反對政府，就必須使這些窮人有土地可種。土地從哪裡來呢？土地都在大地主手裡，而大地主所以取得這些土地，主要的手段是非法強佔。因此他提出這樣一個政治措施：要求他管轄地區內的大地主階級，凡是強佔的土地一律退還給老百姓，使老百姓多多少少有一些土地可以耕種，能夠活下去，以此來緩和階級矛盾。

他堅決主張這種做法。這樣一來，大地主階級就聯合起來反對他，結果他這個蘇州巡撫只做了半年多就被大地主階級趕跑了。

海瑞的辦法能不能解決當時的土地問題？當然不能。把大地主階級強佔的一部分土地歸還給老百姓能不能稍微緩和一下階級矛盾呢？可以緩和一下，可是辦不到，因為地主階級不肯放棄他們已經到手的東西，海瑞是非失敗不可的。

類似海瑞這樣的政治家當時還有沒有呢？有的。他們也感到了階級矛盾和階級鬥爭的嚴重性，認為這個政權維持不下去。但是能不能提出一個解決的辦法呢？誰也沒有辦法。不但統治階級，就連農民起義的領袖也提不出解決的辦法來。

階級矛盾日益尖銳的結果，最後形成了明末的農民大起義。

崇禎時代，各地方的農民都起來鬥爭，最後形成兩支強大的軍事力量，一支以李自成為首，一支以張獻忠為首。他們有沒有明確地提出解決階級矛盾的辦法呢？也沒有。李自成後期曾經提出「迎闖王，不納糧」的口號，以爭取廣大農民的支持，結果他的隊伍一下子就發展到一百多萬，農民、小手工業者、城市貧民都跟著他走，但是不納糧也不能解決問題。

山東有一個縣，李自成曾經統治過那個地方，當時有人主張分田給百姓。分了沒有呢？沒有分。他提不出明確的辦法，不但提不出消滅地主階級的根本方針，甚至連孫中山那樣的「平均地權」的辦法也提不出。所以消滅封建剝削，消滅地主階級這個根本問題，在古代歷史上的任何時期都不能解決。不但地主階級知識分子、官僚提不出解決辦法，就是反對封建地主階級的農民起義領袖也提不出解決的辦法，這個問題只有在我們這個時代才能解決。

我們研究過去的農民革命、農民起義時，不能把我們今天的思想意識強加於古人。我們這個時代能辦到的事，不能希望古人也能辦到，否則就是非歷史主義的觀點。目前史學界在有些問題上存在一些偏向，總希望把農民起義的領袖說得好一些，說得完滿一些，不知不覺地把自己所理解的東西加在古人身上，這是不科學的、非馬克思主義的觀點。我們只能根據歷史事實來理解、來解釋、來研究和總結歷史，而不可以採取別的辦法。

附帶講一個小問題。前面提到巡按御史，巡按御史到底是個什麼官？我們經常看京戲，很多京戲裡都有這麼一個官。所謂八府巡按，威風得很。他是幹什麼的呢？

我們前面講過御史，就是十三道御史，是按照行政區劃設置的，每一道御史的職務就是監察他這個地區的官吏和政務。同時，中央有一個機構叫都察院。都察院的官吏叫左、右都御史，左、右都御史下面是左、右副都御史，左、右副都御史下面是左、右僉都御史，再下面就是御史和巡按御史，巡按御史是由都察院派出去檢查地方工作的。凡是地方官有違法失職的，他們有權提出意見來。他們還可以監察司法工作，有的案子判得不正確，他們可以提出意見。老百姓申冤的，地方官那裡不能解決問題，可以到巡按御史這裡來告。這就是戲上八府巡按的來源。

御史的官位大不大呢？不大，只是七品官，當時縣官也是七品官。知識分子考上進士以後，有一批人就被分配做御史。御史管的事情很少，可是在地方上有很高的職權。因為他代表中央，代表都察院，是皇帝的耳目之官。建立這樣一種制度的目的是什麼呢？是想通過巡按御史的監察工作，來緩和當時人民和朝廷之間的矛盾，解決一些問題。貪官污吏，提出來把他罷免；冤枉的案子幫助平反。於是老百姓對這樣的官員寄予很人的希望，希望他們能幫助自己申冤。

這種願望，在當時的一些文學作品中得到了反映。雖然這些人在實際政治生活中並沒有解決什麼問題，但是一些文學家、藝術家在一定程度上反映了人民的要求，創作了許多這類題材的作品，特別是明清兩代有很多劇本是反映這個思想的。

這些作品大體上有這樣一些共同的內容：一類是描寫老百姓受了冤枉，被大地主、大官僚陷害，被關起來或者判處了死刑，最後一個巡按給他翻了案。或者是描寫皇莊的莊頭作威作福，不但莊田範圍以內的佃農，就是莊田附近的老百姓也受他們的欺侮。姑娘被搶走了，家裡面的東西被搶走了，後來遇上俠客打抱不平，或者清官出來把問題解決了。在明朝後期和清朝前期，有不少的小說、劇本是描寫這些惡霸、莊頭的殘暴行為的，這是一類。

另一類作品反映了當時知識分子的出路問題，當時的知識分子無非是通過考試中秀才、舉人、進士。中了進士幹什麼呢？當巡按御史。因此有很多作品是這樣的題材：一位公子遇難，在後花園裡遇到一位小姐，小姐贈送他一些銀子。之後上京城考上了進士，當上了八府巡按，最後夫妻團圓。這個時期的文學作品大體上有這幾方面的題材，反映了這個時期的政治生活、階級鬥爭的一些問題。

第五章

明朝亡於流寇，還是廠衛？

太監：皇帝聚斂財貨的爪牙

萬曆以下，諸帝把家族的財富比國家的富強看得更重要，努力積聚，為縱情享樂計。

但是國家的財政有定額的支配，皇帝只能奪取一部分過來，為著內庫的充積計不能不另外想法去收斂財貨，除了可以公開的進奉獻納及臨時的徵發如大工大婚的費用外，皇帝也收受賄賂、捐款，更不時地想法加罪臣下，目的是為籍沒他們的財產，例如萬曆初年張居正、馮保的得罪，張鯨的因獻財免罪，天啟時代的追贓。

皇帝聚斂財貨的爪牙是太監，太監代表著皇帝剝削民眾和官吏，在劉瑾用事的時候，「凡入覲出使官皆有厚獻」。有許多官吏因為不能照規定的數額進賄，甚至自殺。

魏忠賢用事的時候，朝中宰執卿二都甘願做他的義子乾兒，有「五虎」「五彪」「十狗」「四十孫」之目。自萬曆二十四年（一五九六年）以後，到處派稅使礦監，「大璫大監，縱橫驛騷，吸髓飲血，以供進奉。大率入公帑者不及什一而天下蕭然，生靈塗炭矣」。

這一些皇帝代表的作惡情形，如《明史．陳增梁永傳》所記：

「大作奸弊，稱奉密旨搜金寶。募人告密，誣大商巨室藏違禁物，所破產什傾家。殺人莫敢問。」

陳奉在荊州，恣行威虐，每托巡歷，鞭笞官吏，剽劫行旅。其黨至人民家，姦淫婦女，或掠入稅監署中。

馬堂在臨清，諸亡命從者數百人，白晝手銀鐺奪人產，抗者輒以違禁罪之。中人之家，破者大半。

梁永在陝西盡發歷代陵寢，搜摸金玉，旁行劫掠，所至邑令皆逃。稅額外增耗數倍。

二十年中所遣內官到處苛削百姓，引起民變，毒遍天下。這種情形，皇帝不是不知道，但是他卻故意放縱，來收受他的代表所剝削的十分之一的殘瀝。

《明史》說：「神宗寵愛諸稅監，自大學士趙志臯、沈一貫而下，廷臣諫者不下百餘疏，悉寢不報，而諸稅監有所糾劾，朝上夕下，輒加重譴，以故諸稅監益驕。」

殘暴不仁的仕紳階級

皇帝太監之下，便是皇族、官吏和紳士。明代是以八股文取士的，人們只要認得字，湊上幾段濫調，便很容易從平民而躍登特殊階級，加入仕紳的集團，文理不通的，只要花一點錢捐一個監生，也可仗著這頭銜，不受普通人所受的約束，翻轉頭來去剝削他從前所隸屬的階級。

他們不但沒有普通農民被派定的負擔，並且可以利用他們的地位做種種違法的事，小自耕農受不了賦稅的徵索，除了逃亡以外，便只能投靠在仕紳階級門下做佃戶，借他們做護符來避免賦役。往往一個窮無立錐的八股作家，一旦得了科名，便立地變成田主，農民除了中央政府、地方官吏的兩重負擔外，還需做就地豪紳的俎上魚肉。

這般科舉中人一做了官，氣焰更是囂張，連國法也奈何不了他們。《明史·楊士奇傳》：

「士奇子稷居鄉，嘗橫暴殺人，言官交劾，朝廷不加法，以其章示士奇。又有人發稷橫虐數十事，乃下之理。」

《梁儲傳》：

「儲子次攄為錦衣百戶，居家與富民楊端爭民田，端殺田主，次攄遂滅端家二百餘人。武宗以儲故，僅發邊衛立功。」

宰相的兒子殺人縱虐，都非政府所能干涉。

楊端用大地主的地位殺小田主，梁次攄以大紳士的地位殺兩百多人，大不了的罪名也只是充軍。《姬文允傳》：

「白蓮賊徐鴻儒薄藤縣，民什九從亂。知縣姬文允徒步叫號，驅吏卒登陴不滿三百，望賊輒走，存者才數十。問何故從賊？曰：禍由董二。董二者，故延綏巡撫董國光子也，居鄉貪暴，民不聊生。」

王應熊做了宰相，其弟王應熙在鄉作惡的罪狀至四百八十餘條，贓銀一百七十餘萬。溫體仁、唐世濟的族人甚至做盜，為盜奧主。土豪湯一泰倚從子湯賓尹之勢，至強奪已字之女，逼之至死。戴澳做順天府丞，其家便怙勢不肯輸賦。茅坤的家人也倚仗主勢橫行鄉里。陳于泰、陳于鼎兄弟的在鄉作惡，致引起民變。勳貴戚臣甚至惟意所欲，強奪民田，弘治間外戚王源令其家奴別立四至，占奪民產至二千二百餘頃。嘉靖中泰和伯陳萬言奏乞莊田，帝以八百頃給之，巡撫劉麟、御史任洛復言不宜奪民地，勿聽。武定侯郭玹奪河間民田廬，又奪天津屯田千畝。潞簡王莊田多至四萬頃。

為所欲為的官吏

明代官俸之薄，是歷史上所僅見的。據《明史・李賢傳》當時指揮使月俸三十五石者實支僅一石，當時米一石折鈔十貫，鈔一貫僅值錢二三文，由此知指揮使一月所得不過二三十文。推而上之，正一品月俸八十七石，折錢也不過七八十文。正七品七石，每月俸餉更僅可憐到只有二三文錢了。

其後又定官俸折銀例，雖然稍微好一點，可是專靠俸餉，也非餓死不可。況且上司要賄賂，皇帝要進獻，太監、大臣要進獻，家庭要生活，層層逼迫，除了剝削民眾以外更沒有什麼辦法。要做好官，便非像潘蕃那樣，做了若干年的方面大臣，罷官後連住宅也蓋不起，寄住別人家終老。海瑞死後全部家產只有一兩銀子，連買棺木也不夠。這些自然是可忽略的例外，大多數官吏很容易尋出生財的大道。

貪贓不用說了，許多官吏或他們的戚黨宗族同時也是操奇計贏的大商人。他們可以不顧國禁，到海外去貿易番貨；他們可以偷關漏稅，經商內地；他們可以得到種種方便，去打倒或吞併其他無背景無勢力的小商家。他們獨佔了當時最大的企業鹽和茶業。他們有的廣置店房，例如郭勳在京師的店舍多至千餘區。

他們也放高利債，例如會昌伯孫忠的家人貸錢給濱州的人民「規利數倍」，有司為之興獄索償。他們在自己的勢力範圍內可以科私稅，他們為著自己的經濟利益可以左右政局。

《明史．朱紈傳》：

「初明祖定制，片板不許入海。承平久，奸民闌出入勾倭人及佛郎機、葡萄牙諸國入互市。閩人李光頭、歙人許棟踞寧波之雙嶼為之主，司其質契，勢家護持之。」

由海外貿易而引起倭寇的侵掠。朱紈巡海道下令禁止出海，福建人一旦失了衣食的貿源，仕紳階級失去不費力而得的重利，聯合起來排斥朱紈，福建人做京官的從中主持，結果是朱紈被劾落職自殺，倭寇的毒焰自此遂一發不可收拾。啟禎間鄭芝龍以海盜受招撫為朝廷官吏，獨佔海外貿易，海舶不得鄭氏令旗不能往來，每一舶例入三千金，歲入千萬計。

順勢而生的「流寇」暴動

貴族、太監、官吏和紳士所構成的上層階級一方面自相剝削，一方面又聯合地方種種方式去剝削農民。高高在上的窮奢極欲，夜以繼日，皇帝大臣們講長生，求「秘法」，肆昏淫，興土木，紳士、豪商和其他有閒分子更承風導流。妓女、優伶、小唱、賭博、酗酒，成為他們日常生活的要素。崑曲和小品文發達正是這時代性的表現。假如一部文學作品是可以做一個時代的象徵的話，那就是《金瓶梅》。

另一方面，農民卻在饑餓線下掙扎著，被力役、賦稅、苛捐、盜匪、災荒、官吏、鄉紳逼迫著；他們忍耐了幾輩子，受苦了幾十年，終於等到了大時代的來臨，火山口的爆發，從火光血海中，彷彿看見自己的出路！他們喪失了，或被天災所迫而捨去了耕地，便成為流浪的難民。他們即使能找到別的工作，也仍不免於凍餓。

據《徐氏庖言》卷一：「都下貧民傭一日得錢二十四五文，僅足給食。三冬之月，衣不蔽體。」他們有生存的權利，有要求吃飽的權利。我們試一考查當時的米價：

天啟四年（一六二四年）蘇州米一石一兩二錢。

崇禎二年（一六二九年）蘇州糧一石折銀一兩有餘。

四年（一六三一年）延綏斗米四錢。

十年（一六三七年）蘇州冬粟每石一兩二錢，白粟一兩一錢。

十三年（一六四〇年）山東米石二十兩，河南米石百五十兩。蘇松米每石一兩六錢，秋杪糙米至每石二兩。

十四年（一六四一年）山東臨清米石二十四兩，蘇州白米每石三兩零。

十五年（一六四二年）蘇州米每升至九十文有零。

這雖是一個簡略的統計，並且只是幾個地方在荒歉時的情形，不過也可由此窺見當時農民苦痛情形的一斑，由此以例全國，大概是不會相距甚遠的。

在這種情形下的農民，陡然遇見了得救的機會，即使不是很可靠的機會，也會毫不遲疑地抓住，犧牲一切，先去填飽肚皮和打倒過去曾壓迫過他們的敵人，這機會便是腐潰了幾十年的社會經濟所產生的「流寇」暴動。

明末「流寇」的必然興起

明末流寇的興起，是一個社會組織崩潰時必有的現象，如瓜熟蒂落一般。即使李自成、張獻忠這一群農民領袖不揭竿而起，由那貴族、太監、官吏和紳士所組成的壓迫階級，也是要被它腳底下踏著的階級所打倒的。階級的對立，在當時已經有人看出。

崇禎十七年（一六四四年）正月兵科都給事中曾應遴奏道：

「臣聞有國家者不患寡而患不均，不患貧而患不安。今天下不安甚矣，察其故原於不均耳。何以言之？今之紳富，率皆衣租食稅，安坐而吸百姓之髓，平日操奇贏以役愚民而獨擁其利，有事欲其與紳富出氣力，同休戚，得乎？故富者極其富而每至於剝民，貧者極其貧而甚至於不能聊生，以相極之數，成相惡之刑，不均之甚也。」

富者愈富，貧者愈貧，仕紳階級利用他們所有的富力和因此而得到的政治勢力，加速地把農民剝削和壓迫，農民窮極無路，除自殺外只能奮起反抗，用暴力來推翻這一集團的吸血鬼，以爭得生存的權利。

流寇的發動和實力的擴展，自然是當時的統治者所最痛心疾首的。他們有的是過分充足的財富；舒服、縱佚、淫蕩、奢侈的生活。他們要維持現狀，要照舊加重剝削來增加他們生活上更自由的需要。然而現在眼見要被打倒，被屠殺了，他們不能不聯合起來，為了他們這一階級的安全。同時，為著個人利害的衝突，這一集團的中堅分子，彼此間還是充滿了嫉妒、猜疑……鉤心鬥角、互相計算。

另一方面，農民是歡迎流寇的，因為是同樣在饑餓中掙扎性命的人。他們自動做內應，請流寇進來。河曲之破，連攻城的照例手續都用不著。據《綏寇紀略》卷一：

「辛未（一六三一年）二月，上召輔臣九卿科道及各省鹽司於文華殿。上問山西按察使杜喬林曰：河曲之城，何以賊到輒破？喬林曰：賊未嘗攻，有饑民為內應，故失守。」

和統治者的御用軍隊的騷擾程度相較，農民寧願用牛酒來歡迎流寇：

「樊人苦左兵淫掠，殺槁桔燔燒之，良玉怒，奪鉅賈峨艑重裝待發，身率諸軍營於高阜。漢東之人，牛酒迎賊。」

官兵不敢和流寇接觸，卻會殺手無寸鐵的老百姓報功。到這步田地，連剩下的一些過於老實的老百姓也不得不加入反抗者的集團了。

據《烈皇小識》卷四：

「將無紀律，兵無行伍，淫汙殺劫，慘不可言，尾賊而往，莫敢奮臂，所報之級，半是良民，民間遂有賊兵如梳，官兵如櫛之謠，民安得不為盜！盜安得不日繁！」

舉一個具體的例子，《平寇志》卷二記兵科給事中常自裕奏：

「皇上赫然震怒，調兵七萬，實不滿五萬，分之各處，未足遏賊。鳳陽焚劫四日而馬擴至，歸德圍解三日而鄧　來，潁亳安培廬之賊返旆而北，尤世威等信尚杳然。至賀人龍等到處淫掠，所謂賊梳而軍櫛也。」

在到處殘破、遍地糜爛的景況下，統治者為了軍費的需要，仍然盲目地加重農民的負擔，左捐右輸，逼得百姓不能不投到對面去。

《平寇志》卷八說：

「崇禎十七年二月甲戌，賊遣偽官於山東河南州縣。先遣牌至，士民苦徵輸之急，痛恨舊官，借勢逐之。執香迎導，遠近若狂。」

也有不願和統治者合作，消極地不肯抵抗「流寇」的：

「宣府陷，巡撫朱之馮懸賞守城，無一應者。三命之，咸叩頭曰：願中丞聽軍民納款。之馮獨行巡城見大炮，曰：汝曹試發之，殺賊千百人，賊雖齏粉我，無恨矣。眾又不應。之馮自起燃火，兵民竟挽其手。之馮嘆曰：人心離叛，一至於此。」

在一些地方，百姓一聽見流寇不殺人，且免徭賦，高興得滿城轟動，結彩焚香去歡迎流寇進來。

在軍事地帶的人民尚受盤剝，比較安靜的區域更不用說了。

崇禎十四年（一六四一年）吳中大旱瘟疫，反加重賦，據《啟禎記聞錄》二：

「是歲田禾，夏苦亢旱，少不插蒔，即蒔亦皆後時，至秋間復為蝗蟲所食。有倖免蝗禍者，又因秋杪旱寒，遂多秕死，大約所收不及十之三四。歲凶異常，撫按交章上請，不惟不蒙寬恤，征賦反有加焉。糙糧每畝二斗五升有零，折銀每畝一錢七分有零。又急如星火，勒限殘歲完糧，連差督餉科臣至吳中者兩三員，賜劍專敕行事，人皆惶駭不安，大戶役重糧多，中人支吾不給，貧民困餒死亡，井里蕭條，鄉城同象，非復向時全盛矣。」

蘇州如此，他處可知。政府不因災荒蠲免，地主亦復不能例外。同書又記常熟民變事：

「崇禎十一年（一六三八年）八月撫臣屢疏以旱蝗上聞，而得諭旨徵糧，反有加焉。至收租之際，鄉民結黨混賴，田主稍加呵斥，每至起釁生亂，田主有鄉居者，徵租於佃戶，各佃聚眾焚其居，搶掠其資。」

流寇的組成分子是：「一亂民，一驛卒，一饑黎，一難氓」，這是崇禎七年（一六三四年）三月己丑南京右都御史唐世濟疏中所說的。以陝西發難地而論，則「延綏以北為逃兵，為邊盜，延綏以南為土寇，為饑民」。邊盜土寇可以歸入亂民一類；加上逃兵，約略地可分五類。

關於亂民之起，《明史．楊鶴傳》說：

「關中頻歲祲，有司不恤下，白水王二者鳩眾墨其面，闖入澄城，殺知縣張耀采，由是府谷王嘉允、漢南王大梁、階州周大旺群賊蜂起，三邊饑軍應之，流氛之始也。」

則亦是因饑舉事。

關於驛卒的加入，《明史．流寇傳》說：

「以給事中劉懋議裁驛站，山陝遊民仰驛糈者無所得食，俱從賊，賊轉盛。」

《綏寇紀略》卷一引御史姜思睿疏也說：「各遞貧民千百為群依輦輿以續命者，饑餓待死，散為盜。」

據《明史．五行志》三：

崇禎元年（一六二八年）夏旱，畿輔赤地千里。陝西饑，延鞏民相聚為盜。二年山西、陝西饑。五年淮、揚諸府饑，流殍載道。六年陝西、山西大饑，淮、揚洊饑。七年京師饑，太原大饑，人相食。九年南陽大饑，有母烹其女者，江西亦饑。

十年浙江大饑，父子、兄弟、夫妻相食。十二年兩畿、山東、山西、陝西、江西饑，河南大饑，人相食。十三年北畿、山東、河南、陝西、山西、浙江、三吳皆饑，自淮而北至畿南，樹皮食盡，發瘞胔以食。十四年南畿饑，山東洊饑，德州斗米千錢，父子相食，行人斷絕，大盜滋矣。

在十四年中，災荒迭起，河北更是厲害，內中山西、陝西、河南被災情形最嚴重，次數也最多，由此可以知道流寇發難於秦晉，和流寇以秦晉人為中心的原因。

關於逃兵之加入，《明史・李自成傳》記：「京師戒嚴，山西巡撫耿如杞勤王兵嘩而西，延綏總兵吳自勉、甘肅巡撫梅之煥勤王兵亦潰與群盜合。」

在這種情形之下，當時的統治者仍是蒙蒙昧昧，不但不想法補救，反而以為是「疥癬之疾」不足致慮。地方官也未嘗不知道叛亂之起是由於饑荒，而不但不加撫恤，反而很輕鬆地說：「此饑氓，徐自定耳。」他們對於低低在下的民眾，本來不屑置意，只要民眾能忍辱負重地像羔羊一般供他們宰殺剝削，他們便可以高枕而臥了。

他們想不到饑民的集合暴動，最初固然是毫無政治企圖，只求免於餓死；但等到一有了勢力以後，他們也會恍然於敵人之無能，會來奪取政權，打倒舊日曾魚肉他們的階級。

叛亂之下更變本加厲的剝削

叛亂起後，統治者的措施是一面愚蠢地冀圖用武力削平，一面加重搜括來應付非常的軍費。

叛亂發生前，農民被強迫加負的有嘉靖三十年（一五五一年）的「加派」一百二十萬，三十七年的「提編」四十萬，萬曆四十六年（一六一八年）的「遼餉」三百萬，前後迭增到五百二十萬；叛亂起後，崇禎三年（一六三〇年）又增百六十五萬，八年增「助餉」，十一年行「均輸」及「加徵」，十三年加「練餉」。統計在萬曆末年合九邊餉止二百八十萬，到崇禎時加派「遼餉」到九百萬，「剿餉」到三百三十萬，「練餉」七百三十萬。這些都是農民的血汗，有政治勢力的地主、紳士、商人是不用負擔的。

就陝西一地而論，民眾的新加負擔有「新餉」，有「均輸」，有「間架」，其他瑣細的勒索，更無從數起。關於民間的苦痛，崇禎六年（一六三三年）正月御史祁彪佳疏陳十四項：曰里甲，曰虛糧，曰行戶，曰搜贓，曰欽提，曰隔提，曰訐訟，曰寓訪，曰私稅，曰私鑄，曰解運，曰馬戶，曰鹽丁，曰難民。

其最為農民所苦者是虛糧，據說當時納稅的則例「小民多未見聞，第據縣符，便為實數。遂致貧戶反溢數倍，豪家坐享餘租，此飛灑之弊也。近來苦盜苦荒，遷徙載道，丁糧缺徵，里甲代償，富戶化而為貧，土著化而為客，此逃亡之弊也。又有戶產盡廢，戶糧猶存，買產之家，視若隔體，代納之戶，慘於剝膚，此賠墊之弊也。」

為工人所苦者是行戶：「一小民以刀錐博什一，為八口計也。有司僉為鋪行，上自印官，下及佐貳，硃票一紙，百物咸輸，累月經年，十不償一。又有供應上司，名曰借辦，每物有行，每行有簿。」

為小商人所苦者是私稅：「大江以北，凡貿易之家，官為給帖，下至雞豚，無得免者，至隘口渡頭，有少年無賴借牙用為名，橫加剝奪，蠅頭未獲，虎吻旋吞。」

為一般百姓所苦者是私鑄：「私鑄之為錢法害，固也。而南中為甚，每錢止重七分，每百不盈三寸。更有私鑄奸人控官請禁，小民畏罪，去之惟恐不速，此輩一鑄一賣，一禁一收，利五六倍，而小民何以堪哉！」

不但農民的負擔增加，他們積欠官府的陳年爛帳也不曾被放鬆，崇禎八年（一六三五年）二月侍讀倪元璐上疏說：

「今民最苦無若催科。未敢冀停加派，惟請自崇禎七年以前，一應逋負，悉可改從折色，此二者於下誠益，於上無損，民之脫此，猶湯火也。至發弊而追數十年之事，糾章一上，蔓延十休，扳貽而旁及數千里之人，部文一下，冤號四徹，誰以民間此苦告之陛下者。及今不圖，日蔓一日，必至無地非兵，無民非賊，刀劍多於牛犢，阡陌決為戰場，陛下亦安得執空版而問諸兵燹之區哉！」

統治權之傾覆：廠衛制度的覆滅

統治者剝削的結果，是使占全人口極大多數的生產者——無告的農民陷於饑餓線下，而另一方面，流寇的口號卻是「吃他娘，著他娘，吃著不盡有闖王，不當差，不納糧」，以除力役，廢賦稅，保障生活為號召，以所掠散饑民，百姓稱這軍隊為「李公子仁義兵」。破洛陽時散福邸中庫金及富人貲給百姓。又下令保護田禾，馬騰入田苗者斬之。對於一般地方官吏和紳富階級，卻毫不矜閔地加以殘殺。

《平寇志》卷六：「城陷若獲富室仕宦，則獻之巨帥，索其積而殺之。」唯一例外是有德於民的退休官吏。

《明史．王徵俊傳》：

「崇禎十七年（一六四四年）二月賊陷陽城，被執不屈，繫之獄。士民爭頌其德，賊乃釋之。」

《明史．忠義傳》所記無數的鄉官和八股家的死難殉節，被史家文飾為忠義報國，其實不過是自己知道作惡過多，反正活不了，不如先自殺，或做困獸之鬥，企圖落一個好名聲而已。

流寇的初起，是各地陸續發動的，人自為戰，目的只在不被饑餓所困死。後來勢力漸大，始有意識做打倒統治者的企圖。最後到了李自成在一六四三年渡漢江陷荊襄後，始恍然於統治者之庸劣無能，可取而代之。從此後便攻城守地，分置官守，做奪取政權的步驟。

果然不到兩年北京政府即被推翻，長江以北大部被統治在新政權之下。這是在流寇初起事時所意料不及的。其實與其說這是流寇的功績，還不如說是這古老的社會、經濟制度的自然崩潰比較妥當。

明末文人戴笠作《流寇長篇序》，就統治階級的不合作這一點來說明流寇之成功，他說：

「國之致亡，祖功宗德，天時人事均有之，非盡流寇之罪，賊雖凶狡絕人，亦借成就者之力也。主上則好察而不明，好佞而惡直，好小人而疑君子，好速效而無遠計，好自大而恥下人，好自用而不能用人。廷臣則善私而不善公，善結黨而不善自立，善逢迎而不善執守，善蒙蔽而不善任事，善守資格而不善求才能，善因循而不善改轍，善大言虛氣而不善小心實事。百年以來，習為固然。有憂念國事者則共詫之如怪物。武臣非無能兵者，而必壓以庸劣文臣，間有不庸劣者而又信任不深，兵食不足，畏人以偏見邪說持其後，無敢展布。至於閹侍之情況，古今同然，不必言也。煤山之禍，眾力所共，闖賊獨受其名耳。」

以明統治權之傾覆為眾力所共。

文震孟於崇禎八年（一六三五年）上疏論致亂之源說：

「堂陛之地，欺猜愈深，朝野之間，刻削日甚，縉紳蹙靡騁之懷，士民嗟束濕之困，商旅諮嘆，百工失業，本猶全盛之海宇，忽見無聊之景色，此又致亂之源也。」

這是說統治者的內部崩潰。

「邊事既壞，修舉無謀，兵不精而自增，餉隨兵而日益，餉益則賦重，賦重則刑繁，複乘之以天災，加之以饑饉，而守牧惕功令之嚴，畏參罰之峻，不得不舉鳩形鵠面無食無衣之赤子而笞之禁之……下民無知，直謂有司仇我虐我，今而後得反之也。」

這是說統治者的驅民死地，自掘墳墓。

李自成檄數統治者的罪狀說：「明朝昏主不仁，寵宦官，重科第，貪稅斂，重刑罰，不能救民水火，日罄師旅，擄掠民財，奸人妻女，吸髓剝膚。」前部的四項罪狀都是古已有之，是這古老社會的病態，不是崇禎及其廷臣所能負責的。

在檄文中他特別提出他是代表農民利益，他本人是出於農民階級的，他說：「本營十世務農良善，急興仁義之師，拯民塗炭，士民勿得驚惶，各安生理。各營有擅殺良民者全隊皆斬。」

標著顯明的農民革命的旗幟向舊統治致死命地攻擊，對方則猶茫然於目前的危機，對內則互相猜嫌排斥，表現充分的不合作精神，對民則加力壓榨，驅其反抗，兩方的情勢達於尖銳化。

以一小數的潰腐的統治集團來抵抗全體農民的襲擊，自然一觸即摧，明室的統治權於此告了終結，同時擁護這統治權的仕紳階級的壽命也從此中斷。假如沒有建州部族的乘機竄入，也許這反對宦官、科舉制度，誅鋤紳富的新統治者會給未來的歷史以新的意義。然而他們終於被一更新興的部族所粉碎，曇花一現的新統治權也隨之被消滅，給剷除未盡的八股家、地主、商人們的舊集團以復蘇的機會，雖然這一舊靈魂已不復能恢復過去所有的勢位，然而他們會從文字的記載來詆毀已失敗的故人，從此片面的歷史遂決定了所謂「流寇」事件的反面意義，在文字上所見的流寇只是一些極凶極惡、殺人放火、屠城等殘酷、殘忍的記載。

最後，我們再引兩條可信的記載，說明這舊社會之必然的崩潰。崇禎十六年（一六四三年）秋冬之間，外寇內亂，已經到了亟亟不可終日的地步，在同一國家同一禍福的江南，卻仍踵事增華，作昇平之歌舞。

《啟禎記聞錄》云：「七月二十五日，楓橋有好事者斂銀於糧食行中，以為賽會之資，風聞從來未有之盛……衿紳士庶男女老幼，傾城罷市，肩輿舟楫之價，皆倍於常。通國若狂。」

次年三月十九日北京政府顛覆，在得到國變消息後的吳江，竟舉行從來未有之盛會。同書記：「四月初二日吳江賽會，目睹者雲富麗異常，為郡中從來所未有。是時北都不祥之說已競傳，民間猶為此舉，可見人無憂國之心！」這不是偶然的！

明朝的錦衣衛和東西廠

作者：吳晗
發行人：陳曉林
出版所：風雲時代出版股份有限公司
地址：10576台北市民生東路五段178號7樓之3
電話：(02) 2756-0949
傳真：(02) 2765-3799
執行主編：朱墨菲
美術設計：吳宗潔
行銷企劃：林安莉
業務總監：張瑋鳳

初版日期：2022年12月
ISBN：978-626-7153-46-8

風雲書網：http://www.eastbooks.com.tw
官方部落格：http://eastbooks.pixnet.net/blog
Facebook：http://www.facebook.com/h7560949
E-mail：h7560949@ms15.hinet.net
劃撥帳號：12043291
戶名：風雲時代出版股份有限公司

風雲發行所：33373桃園市龜山區公西村2鄰復興街304巷96號
電話：(03) 318-1378
傳真：(03) 318-1378
法律顧問：永然法律事務所李永然律師
北辰著作權事務所蕭雄淋律師

行政院新聞局局版台業字第3595號營利事業統一編號22759935

定價：280元

國家圖書館出版品預行編目資料

明朝的錦衣衛和東西廠 / 吳晗著. -- 臺北市：風雲時代出版股份有限公司, 2022.10　面；　公分

ISBN 978-626-7153-46-8 (平裝)
1. CST: 廠衛　2. CST: 明代

573.538　　111014987